Bunte Bilderwelt

Sonderaugabe

© Little Tiger Verlag GmbH

1. Auflage, 2020

Satz & Layout: Little Tiger Verlag GmbH

Gesamtherstellung: TBB a. s., Slowakei

ISBN 978-3-95878-032-3

www.little-tiger.de

Bunte Bilderwelt

Janoschs Märchenkiste

Janoschs grosser kleiner Tiger-Atlas

Janoschs Tausend Bilder Lexikon

Little Tiger Verlag

Janosch wurde 1931 in Zaborze (Polen) geboren,

lebte in Paris und München

und wohnt seit 1980 in Spanien.

Er schrieb und malte etwa 200 Kinderbücher,

Romane, Theaterstücke

und anderes mehr.

Er erhielt u. a. den französischen und

den deutschen Kinder- und Jugendbuchpreis.

Inhalt:

JANOSCHs MÄRCHENKISTE

Des Kaisers neue Kleider

H. Chr. Andersen

Vor vielen Jahren lebte einmal ein Kaiser, der so ungeheuer viel auf schöne neue Kleider gab, dass er all sein Geld verschwendete, um recht geputzt zu sein. Er machte sich nichts aus seinen Soldaten, kümmerte sich nicht um Theater und wollte nicht in den Wald spazieren fahren, außer um seine neuen Kleider zu zeigen.

Er hatte für jede Stunde des Tages ein anderes Kleid, und ebenso, wie man sonst von einem Könige sagt, er ist im Rate, so hieß es hier stets: „Der Kaiser ist im Kleiderschrank!"

In der großen Stadt, in der er wohnte, ging es sehr vergnüglich her. Jeden Tag kamen viele Fremde dorthin; eines Tages kamen auch zwei Betrüger. Sie gaben sich als Weber aus und sagten, dass sie es verstünden, das schönste Zeug zu weben, das man sich denken könnte. Nicht nur wären die Farben und das Muster ungewöhnlich schön, sondern die Kleider, die aus diesem Zeug genäht würden, hätten die wunderbare Eigenschaft, dass sie für jeden Menschen unsichtbar wären, der nicht für sein Amt tauge oder unerlaubt dumm sei.

Janosch.

„Das wären ja prächtige Kleider", dachte der Kaiser, „wenn ich die anzöge, wollte ich wohl dahinter kommen, welche Männer in meinem Reich nicht für ihr Amt tauglich sind; ich könnte die Klugen von den Dummen unterscheiden! Ja, dies Zeug soll sogleich für mich gewebt werden!", und er gab den beiden Betrügern reichliches Handgeld, damit sie mit ihrer Arbeit beginnen möchten.

Sie stellten auch zwei Webstühle auf, taten, als ob sie arbeiteten, aber sie hatten nicht das mindeste auf den Stühlen. Frischweg verlangten sie die feinste Seide und das prächtigste Gold; das steckten sie in ihre eigene Tasche und arbeiteten an den leeren Stühlen, und zwar bis in die späte Nacht.

„Nun möchte ich doch wissen, wie weit sie mit dem Zeug sind!", dachte der Kaiser, aber es war ihm doch ein wenig beklommen ums Herz bei dem Gedanken, dass der, der dumm sei oder nicht für sein Amt tauge, es nicht sehen könne. Nun glaubte er zwar

nicht, dass er für sich selbst bange zu sein brauche, aber er wollte doch sicherheitshalber erst einen anderen hinschicken, um zu sehen, wie es damit stand.

Alle Menschen in der ganzen Stadt wussten, welche seltsame Kraft dem Zeug innewohnte, und alle waren begierig zu sehen, wie untauglich oder dumm ihr Nachbar wäre.

„Ich will meinen alten, ehrlichen Minister zu den Webern schicken!", dachte der Kaiser, „er kann am besten übersehen, wie sich das Zeug ausnimmt, denn er hat Verstand, und niemand versteht sein Amt besser als er!"

Nun ging der alte, gute Minister in den Saal, wo die beiden Betrüger saßen und an den leeren Webstühlen arbeiteten. „Gott bewahre!", dachte der alte Minister und riss die Augen auf. „Ich kann ja nichts sehen!" Aber das sagte er nicht.

Die beiden Betrüger baten ihn, freundlichst näher zu treten und fragten, ob es nicht ein schönes Muster und prächtige Farben seien. Dabei zeigten sie auf die leeren Webstühle, und der arme, alte Minister riss die Augen immer weiter auf, konnte aber nichts erblicken, denn da war eben nichts.

„Herr, mein Gott!", dachte er, „Sollte ich dumm sein? Das hätte ich nie geglaubt, und es darf auch kein Mensch wissen! Sollte ich nicht für mein Amt taugen? Nein, es geht nicht an, dass ich erzähle, ich könnte das Zeug nicht sehen!"

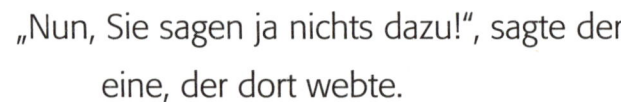

„Nun, Sie sagen ja nichts dazu!", sagte der eine, der dort webte.

„Oh, es ist reizend, ganz allerliebst!", sagte der alte Minister und sah durch seine Brille, „dies Muster und diese Farben! – Ja, ich werde dem Kaiser sagen, dass es mir ausgezeichnet gefällt!"

„Nun, das freut uns!", sagten die beiden Weber, und dann nannten sie die Farben bei Namen und auch die seltsamen Muster.

Der alte Minister passte gut auf, damit er das gleiche sagen könne, wenn er zum Kaiser zurückkäme, und das tat er auch.

Nun verlangten die Betrüger mehr Geld, mehr Seide und mehr Gold, da sie es zum Weben gebrauchen wollten. Sie steckten alles in die eigene Tasche, auf den Webstuhl kam nicht ein Faden, und sie webten, wie zuvor, auf den leeren Stühlen.

Der Kaiser sandte bald wieder einen anderen ehrlichen Höfling hin, um zu sehen, wie es mit dem Weben fortschritte, und ob das Zeug bald fertig sei.
Ihm erging es wie dem Minister, er guckte und guckte, aber da außer den leeren Webstühlen nichts da war, konnte er nichts erblicken.

„Ja, ist das nicht ein schönes Stück Zeug?", fragten die beiden Betrüger und zeigten und erklärten das herrliche Muster, das gar nicht da war.

„Dumm bin ich nicht!", dachte der Mann, „Es ist also das Amt, für das ich nichts tauge!
Das ist merkwürdig genug! Aber da darf man sich nichts anmerken lassen!" Und so lobte er das

Zeug, das er nicht sah, und versicherte sein Vergnügen über die schöne Färbung und das herrliche Muster.

„Ja, es ist wirklich ganz allerliebst!", sagte er zum Kaiser.

Alle Menschen in der Stadt sprachen von dem prächtigen Zeug.

Nun wollte der Kaiser es selbst sehen, während es noch auf dem Webstuhl war. Mit einer ganzen Schar auserlesener Männer, unter denen auch die beiden ehrlichen Ratgeber waren, die schon früher da gewesen waren, ging er zu den beiden listigen Betrügern hin, die nun aus allen Kräften webten, aber ohne Faden und Durchschuss.

„Ja, ist es nicht wirklich magnifique?", fragten die beiden ehrlichen Ratgeber. „Geruhen Eure Majestät zu sehen: Welch ein Muster! Welche Farben!" Und dabei zeigten sie auf die leeren Webstühle, denn sie glaubten, dass andere das Zeug wohl sehen könnten.

„Was ist das!", dachte der Kaiser, „Ich sehe ja gar nichts! Das ist ja entsetzlich! Bin ich etwa dumm? Tauge ich nicht dazu, Kaiser zu sein? Das wäre das schrecklichste, was mir zustoßen könnte!"

„Oh ja, recht hübsch", sagte der Kaiser. „Es hat meinen allerhöchsten Beifall!" Und er nickte zufrieden und betrachtete den leeren Webstuhl; er wollte nicht sagen, dass er nichts sehen konnte.

Das ganze Gefolge, das er bei sich hatte, schaute sich die Augen aus, bekam aber nicht mehr heraus, als alle die anderen, aber sie sagten ebenso wie der Kaiser: „Oh, es ist sehr hübsch!" Und sie rieten ihm, dieses prächtige neue Zeug zum ersten Mal bei der großen Prozession in Gebrauch zu nehmen, die bevorstand.

„Magnifique! Wundervoll! Ausgezeichnet!", ging es von Mund zu Mund, und alle zusammen waren vollkommen derselben Meinung. Der Kaiser verlieh jedem der beiden Betrüger ein Ritterkreuz, im Knopfloche zu tragen, und den Titel „Hofweber".

Die ganze Nacht vor dem Vormittag, an dem die Prozession statt-
finden sollte, saßen die Betrüger auf und hatten über sechzehn
Lichter angezündet.
Die Leute konnten sehen, dass sie es eilig hatten, um des Kaisers
neue Kleider fertig zu bekommen. Sie taten, als ob sie das Zeug
vom Webstuhl nähmen, schnitten mit großen Scheren in die Luft,
nähten mit Nähnadeln ohne Faden und sagten zuletzt:
„So, nun sind die Kleider fertig!"

Der Kaiser mit seinen vornehmsten Kavalieren kam selbst heran,
und die beiden Betrüger hoben den Arm in die Höhe, als ob sie
etwas hielten, und sagten:
„Seht, das sind die Beinkleider! Hier ist der Rock! Und das ist der
Mantel!", und so weiter fort. „Es ist so leicht wie Spinngewebe.
Man sollte glauben, man habe nichts auf dem Körper.
Aber das ist eben der Vorzug!"

„Ja!", sagten alle Kavaliere, aber sehen konnten sie nichts, denn
es war nichts da.

Der Kaiser

Der Kaiser legte alle seine Kleider ab, und die Betrüger spiegelten
vor, ihm jedes Stück von den neu genähten anzuziehen,
und sie fassten ihn um den Leib, als ob sie etwas
festbänden, das war die Schleppe, und der Kaiser
drehte und wendete sich vor dem Spiegel.

„Oh, wie gut sie kleiden, und wie prächtig sie
sitzen!", sagten alle.

„Was für ein Muster! Welche Farben! Das
ist eine kostbare Tracht!"

„Draußen stehen sie mit dem
Thronhimmel, der über Eurer
Majestät in der Prozession getragen werden soll!", sagte der
Oberzeremonienmeister.
„Ja, ich bin ja fertig!", sagte der
Kaiser. „Sitzt es nicht gut?" Und
dann wendete er sich noch einmal
vor dem Spiegel, denn es sollte so
aussehen, als ob er seinen Staat recht
betrachte.

Die Kammerherren, die die Schleppe tragen sollten, suchten mit
den Händen auf dem Fußboden umher, gerade, als ob sie die
Schleppe aufnähmen. Sie wagten nicht, sich anmerken zu lassen,
dass sie nichts sehen konnten.

Und so ging der Kaiser in der Prozession unter dem herrlichen
Thronhimmel, und alle Menschen auf den Straßen und in den
Fenstern sagten: „Gott, des Kaisers neue Kleider sind ja beispiel-
los schön! Welch eine herrliche Schleppe an dem Kleid! Und wie
wohlgeraten alles sitzt!"

Niemand wollte sich anmerken lassen, dass er nichts sähe, denn
dann hätte er nicht für sein Amt getaugt oder wäre sehr dumm
gewesen.
Noch nie hatte ein neues Kleid des Kaisers solches Glück
gemacht wie dieses.

„Aber er hat ja gar nichts an!", sagte ein
kleines Kind.

„Herr Gott, hört die Stimme der Un-
schuld!", sagte der Vater und der eine
flüsterte es dem anderen zu, was das
Kind gesagt hatte.

„Er hat ja gar nichts an! Ein kleines Kind sagte, er hat überhaupt gar nichts an!"

„Er hat ja gar nichts an!", rief zuletzt das ganze Volk. Das kränkte den Kaiser, denn ihm schien es, als ob sie recht haben könnten. Aber er dachte bei sich: „Die Prozession muss ich schon noch aushalten."

Und so trug er sich noch stolzer, und die Kammerherren gingen und trugen die Schleppe, die gar nicht da war.

Der Hahn und das Huhn

Es lebten einmal ein Hahn und ein Huhn zusammen, die gingen eines Tages in den Wald um Nüsse zu holen. Sie kamen zu einem Haselnussstrauch, das Hähnchen flatterte auf den Strauch und sollte die Nüsse pflücken, das Hühnchen sollte die Nüsse auf der Erde einsammeln. Das Hähnchen pflückte die Nüsse und warf sie herunter, das Hühnchen sammelte sie unten ein. Da aber warf das Hähnchen eine Nuss dem Hühnchen aufs Auge – Auge weg.

Das Hühnchen lief auf den Weg und weinte. Bojaren kamen geritten und frugen das Hühnchen:

„He, Hühnchen, Hühnchen, was weinst du, wer hat dir etwas getan?"

„Das Hähnchen hat mir ein Äuglein ausgeschlagen."

„He, Hähnchen, Hähnchen, warum hast du dem Hühnchen ein Äuglein ausgeschlagen, du Lumpenhund?"

„Der Haselstrauch hat mir meine Hose zerrissen, da geriet ich in Wut."

„He, Haselstrauch, Haselstrauch, warum hast du dem Hähnchen die Hose zerrissen, du Lumpenhund?"

„Die Ziegen haben mich abgenagt, da geriet ich in Wut."

„He, Ziegen, Ziegen, warum habt ihr den Haselstrauch abgenagt, ihr Lumpenhunde?"

„Der Mann hat uns nicht gehütet, da gerieten wir in Wut."

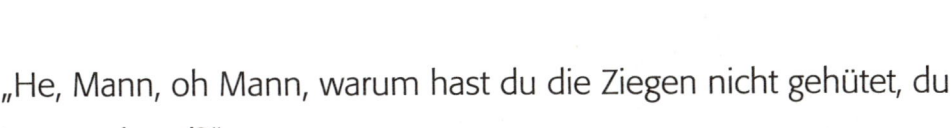

„He, Mann, oh Mann, warum hast du die Ziegen nicht gehütet, du Lumpenhund?"

„Die Frau hat mir keinen Pfannenkuchen abgegeben, da geriet ich in Wut."

„He, du Frau, warum hast du dem Mann keinen Pfannenkuchen abgegeben, du Lumpenhundin?"

„Weil das Schwein kam und meine Pfannenkuchen auffraß, da geriet ich in Wut."

„He, Schwein, Schwein, warum hast du die Pfannenkuchen der Frau gefressen, du Lumpenhündchen?"

„Weil der Wolf mein Ferkel fraß, da geriet ich in Wut."

„He, Wolf, Wolf, warum hast du das Ferkel gefressen, du Lumpenhund?"

„Weil der Hahn mich pickte, da geriet ich in Wut."

„Also ist der Hahn an allem schuld", riefen die Bojaren.
Fingen den Hahn, kochten für sich Hähnchensuppe und schenkten
jedem, der durch seine Schuld zu Schaden kam, eine Hahnen-
feder.

Und nun ist alles wieder in Ordnung.

Vom klugen Schneiderlein

Brüder Grimm

Es war einmal eine Prinzessin gewaltig stolz; kam ein Freier, so gab sie ihm etwas zu raten auf, und wenn er 's nicht erraten konnte, so ward er mit Spott fortgeschickt. Sie ließ auch bekannt machen, wer ihr Rätsel löst, sollte sich mit ihr vermählen, und möchte kommen, wer da wollte.

Endlich fanden sich auch drei Schneider zusammen, davon meinten die zwei ältesten, sie hätten so manchen feinen Stich getan und hätten's getroffen, da könnt's ihnen nicht fehlen, sie müssten's auch hier treffen; der dritte war ein kleiner unnützer Springinsfeld, der nicht einmal sein Handwerk verstand, aber meinte, er müsste dabei Glück haben, denn woher sollt's ihm sonst kommen.

Da sprachen die zwei andern zu ihm:
„Bleib nur zu Haus, du wirst mit deinem bisschen Verstande nicht weit kommen."

Das Schneiderlein ließ sich aber nicht irre machen und sagte, es hätte einmal seinen Kopf darauf gesetzt und wollte sich schon helfen, und ging dahin, als wäre die ganze Welt sein.

Da meldeten sich alle drei bei der Prinzessin und sagten, sie sollte ihnen ihr Rätsel vorlegen: Es wären die rechten Leute an-

gekommen, die hätten einen feinen Verstand, dass man ihn wohl in eine Nadel einfädeln könnte.

Da sprach die Prinzessin:
„Ich habe zweierlei Haar auf dem Kopf, von was für Farben ist das?"

„Wenn's weiter nichts ist", sagte der Erste, „es wird schwarz und weiß sein, wie Tuch, das man Kümmel und Salz nennt."

Die Prinzessin sprach:
„Falsch geraten, antworte der Zweite."

Da sagte der Zweite: „Ist's nicht schwarz und weiß, so ist's braun und rot wie meines Herrn Vaters Bratenrock."

„Falsch geraten", sagte die Prinzessin,
„antworte der Dritte, dem seh' ich's an, der weiß es sicherlich."

Da trat das Schneiderlein keck hervor und sprach: „Die Prinzessin hat ein silbernes und ein goldenes Haar auf dem Kopf, und das sind die zweierlei Farben."

Wie die Prinzessin das hörte, ward sie blass und wäre vor Schrecken beinah hingefallen, denn das Schneiderlein hatte es getroffen, und sie hatte fest geglaubt, das würde kein Mensch auf der Welt herausbringen.

Als ihr das Herz wiederkam sprach sie: „Damit hast du mich noch nicht gewonnen, du musst noch eins tun; unten im Stall liegt ein Bär, bei dem sollst du die Nacht zubringen: Wenn ich dann morgen aufstehe, und du bist noch lebendig, so sollst du mich heiraten."

Sie dachte aber, damit wollte sie das Schneiderlein loswerden, denn der Bär hatte noch keinen Menschen lebendig gelassen, der ihm unter die Tatzen gekommen war.

Das Schneiderlein ließ sich nicht abschrecken, war ganz vergnügt und sprach:

„Frisch gewagt ist halb gewonnen."

Als nun der Abend kam, ward mein Schneiderlein hinunter zum Bären gebracht. Der Bär wollt' auch gleich auf den Kerl los und ihm mit seiner Tatze einen guten Willkommen geben.

„Sachte, sachte", sprach das Schneiderlein, „ich will dich schon zur Ruhe bringen."

Da holte es ganz gemächlich, als hätt' es keine Sorgen, welsche Nüsse aus der Tasche, biss sie auf und aß die Kerne. Wie der Bär das sah, kriegte er Lust und wollte auch Nüsse haben. Das Schneiderlein griff in die Tasche und reichte ihm eine Hand voll; es waren aber keine Nüsse, sondern Wackersteine. Der Bär steckte sie ins Maul, konnte aber nichts aufbringen, er mochte beißen, wie er wollte. Ei, dachte er, was bist du für ein dummer Klotz! Kannst nicht ein-mal die Nüsse aufbeißen, und sprach zum Schneiderlein:

„Mei, beiß mir die Nüsse auf."

„Da siehst du, was du für ein Kerl bist", sprach das Schneiderlein, „hast so ein großes Maul und kannst die kleine Nuss nicht auf-beißen."

Da nahm es die Steine, war hurtig, steckte dafür eine Nuss in den Mund, und knack, war sie entzwei.

„Ich muss das Ding noch einmal probieren", sprach der Bär, „wenn ich's so ansehe, ich mein', ich müsst's auch können."

Da gab ihm das Schneiderlein abermals Wackersteine, und der Bär arbeitete und biss aus allen Leibeskräften hinein. Aber du glaubst auch nicht, dass er sie aufgebracht hat.
Wie das vorbei war, holte das Schneiderlein eine Violine unter dem Rock hervor und spielte sich ein Stückchen darauf.

Als der Bär die Musik vernahm, konnte er es nicht lassen und fing an zu tanzen, und als er ein Weilchen getanzt hatte, gefiel ihm das Ding so wohl, dass er zum Schneiderlein sprach:
„Hör, ist das Geigen schwer?"

„Kinderleicht, siehst du, mit der Linken leg' ich die Finger auf und mit der Rechten streich' ich mit dem Bogen drauflos, da geht's lustig, hopsasa, vivallalera!"

„So geigen", sprach der Bär, „das möcht' ich auch verstehen, damit ich tanzen könnte, so oft ich Lust hätte. Was meinst du dazu? Willst du mir Unterricht darin geben?"

„Von Herzen gern", sagte das Schneiderlein, „wenn du Geschick dazu hast. Aber weis einmal deine Tatzen her, die sind gewaltig lang, ich muss dir die Nägel ein wenig abschneiden."

Da ward ein Schraubstock herbeigeholt und der Bär legte seine Tatzen darauf, das Schneiderlein aber schraubte sie fest und sprach: „Nun warte, bis ich mit der Schere komme", ließ den Bären brummen, soviel er wollte, legte sich in die Ecke auf ein Bund Stroh und schlief ein.

Die Prinzessin, als sie am Abend den Bären so gewaltig brummen
hörte, glaubte nicht anders, als er brummte vor Freuden und
hätte dem Schneider den Garaus gemacht. Am Morgen stand sie
ganz unbesorgt und vergnügt auf; wie sie aber in den Stall guckt,
so steht das Schneiderlein ganz munter davor und ist gesund wie
ein Fisch im Wasser.

Da konnte sie nun kein Wort mehr dagegen sagen, weil sie's öffentlich versprochen hatte, und der König ließ einen Wagen kommen, darin musste sie mit dem Schneiderlein zur Kirche fahren und sollte sie da vermählt werden.

Wie sie eingestiegen waren, gingen die beiden andern Schneider, die ein falsches Herz hatten und ihm sein Glück nicht gönnten, in den Stall und schraubten den Bären los. Der Bär in voller Wut rannte hinter dem Wagen her.

Die Prinzessin hörte ihn schnauben und brummen: Es ward ihr Angst und sie rief: „Ach, der Bär ist hinter uns und will dich holen."

Das Schneiderlein war fix, stellte sich auf den Kopf, steckte die Beine zum Fenster hinaus und rief: „Siehst du den Schraubstock? Wenn du nicht gehst, so sollst du wieder hinein."

Wie der Bär das sah, drehte er um und lief fort. Mein Schneiderlein fuhr da ruhig in die Kirche, und die Prinzessin ward ihm an
die Hand getraut, und er lebte mit ihr vergnügt wie eine Heide-
lerche.

Wer's nicht glaubt, bezahlt einen Taler.

Die Sterntaler

Gestern stand in der Zeitung:

Wie aus Madrid verlautet, gelang es Interpol, die beiden seit drei Jahren gesuchten Geldfälscher und Falschmünzer Erich Flimmer und Max Habedas, die in der Unterwelt unter den Namen Flimmer-Erich und Moneten-Maxe bekannt sind, in einer Gartenlaube zu verhaften.

Wie bis jetzt bekannt wurde, soll Flimmer, der sich bis zu seinem siebzehnten Lebensjahr als Amateurbastler in seiner Heimatstadt Groningen einen Namen gemacht hatte, durch einen Rechenfehler auf eine kosmische Formel gestoßen sein, die es ihm ermöglichte, durch ein einfaches Magnetverfahren kleinere Sterne vom Himmel zu holen.

Zur Aufklärung des Falles kam es, als fast sämtliche Sternwarten des oberen Erdballs feststellten, dass ständig kleinere Sterne und Sternbilder vom Himmel verschwanden.

Es wurde beobachtet, dass sich vermeintliche Sternschnuppen alle auf einen Punkt hin bewegten.

Interpol gelang es, diesen Punkt zu orten.

Er wird angegeben als eine Art Gartenlaube in den mittleren Pyrenäen in der Nähe eines Dorfes, das aus sechs Häusern besteht.

Die Laube diente den beiden Unterweltlern als Werkstatt und Schlupfwinkel. Die Sterne wurden durch einen kleineren Stratotrichter hinter der Laube auf einen Amboss geleitet und von den beiden mit einem Hammer platt geklopft.

Dabei zog sich Flimmer-Erich ein Augenleiden zu, wonach es ihm – soweit verlautet – ständig vor den Augen flimmern soll.

Dieses Verfahren, Geld zu fälschen, wird in Fachkreisen als „Sterntalerverfahren" bezeichnet.

Bei der Vernehmung gab Erich Flimmer zu, durch einen Rechenfehler auf die Formel gestoßen zu sein.

Max Habedas jedoch behauptete, vor etwa vier Jahren einem
alten Mann eine Hose geschenkt zu haben, seitdem wären ihnen
die Sterne sozusagen von alleine in den Schoß gefallen.

„Vielleicht", so Habedas, „ist dieser Mann der liebe Gott gewesen."

Das galaktische Rotkäppchen

Es war einmal eine süße galaktische Dirn, die hatte dort in der
Galaxis jedermann galaktisch lieb, am liebsten aber ihre galak-
tische Großmutter, sie wusste gar nicht, was sie dem galaktischen
Kind alles geben sollte.

Einmal schenkte sie ihm ein galaktisches rotes Käppchen von
rotem Samt, galaktisch beleuchtet wie ein Kometenstern, nicht
zuletzt deswegen, dass sie in den Galaxien weithin sichtbar war
so und nicht verloren gehen konnte.

Auch damit sie sie besser sehen konnte, wenn die liebe Dirn sich
der Erde näherte, wie ein Komet, denn die gute Oma wohnte
längst nicht mehr oben in der Galaxis, sondern unten in einem

Wald bei Hindelang. Wo die alten Leute in Rente gehen. Und weil es nun so weithin sichtbar war, ward es das „galaktische Rotkäppchen" genannt.

Als nun die gute galaktische Oma einmal galaktisch krank war, sprach des galaktischen Rotkäppchens galaktische Mutter: „Flieg doch einmal her, mein Kind! Hier hast du ein galaktisches Körbchen mit ein wenig galaktischem Kuchen und ein wenig galaktischem Wein und bringe dies zu deiner galaktischen Oma nach Hindelang.

Sie ist schwach und krank und bedarf der galaktischen Stärkung, denn die irdische Nahrung hat keine galaktische Kraft, sie zu stärken und ihre galaktischen Batterien wieder aufzuladen.

Doch komm nicht von der galaktischen Kometenbahn ab, tritt auf keinen Raumkapselmüll, gerate in keine galaktische Satellitenflugbahn und leuchte nicht zu sehr mit deinem galaktischen roten Käppchen, sonst sieht dich der galaktische Wolf.

Er ist ein hundgemeiner Hundsfott, weißt du.

„Alles gehört und verstanden", sprach das galaktische Rotkäppchen und machte sich auf die Socken.

Wohl mag sie alles gehört und verstanden haben, doch achtete sie nicht die Worte der Mutter und leuchtete mit ihrem roten

Käppchen weiß der Teufel wie in der Galaxis herum.

Und so blieb es auch nicht aus, dass der galaktische Wolf sie durch die ganze Milchstraße auf weite Entfernung hin sehen konnte und ihr in einer Kometenbahn, welche die ihre kreuzte, auflauerte.

Muss gesagt werden, dass er nichts so gerne fraß wie junge, galaktisch beleuchtete Dirnen? Nicht anders als unser irdischer Wolf, welcher sowohl die Großmütter als auch die irdischen Rotkäppchen und eigentlich radikal alles frisst.

„Wohin des Wegs, mein liebes Kind?", sprach der galaktische Lumpenhund und setzte sich auf die Kometenbahn neben die galaktische Dirn, begleitete sie ein paar Lichtjahre lang, welche nicht länger dauerten als irdische fünf Minuten.

„Zur galaktischen Oma, sie ist krank, ihre galaktischen Batterien sind schwach geworden, ihr galaktischen Wein und galaktischen Kuchen bringen.

Die irdische Nahrung taugt nichts für unsereins, ist nicht einmal für Hunde und deren Flöhe genießbar."

„Ich weiß, ich weiß, und das ist brav von dir, meine liebe, galaktische Dirn, doch leuchte nicht so sehr mit deiner galaktischen Rotmütze, denn wer zu stark leuchtet, wird zu leicht entdeckt und könnte gefressen werden."

Sagte das, schwang sich scheinbar auf eine andere galaktische Kometenbahn und verschwand. Jedoch nur zum Schein, denn er eilte nach Hindelang.

Klopfte dort bei der galaktischen Oma an, sagte, er sei das galaktische Rotkäppchen. Dieses hatte auf den Rat des galaktischen

Wolfes das rote Käppchen abgesetzt und im galaktischen Korb verstaut. So hatte die gute galaktische Oma die gute Dirn aus der Ferne in Hindelang nicht mehr sehen und ihre Bahn verfolgen können.

Und sie glaubte nun, als der Wolf an ihre Tür klopfte, das galaktische Rotkäppchen sei angelangt, sie habe es nur nicht sehen können. Wolken hätten ihr galaktisches Leuchten verdeckt oder ihre Batterie habe für das Licht nicht mehr gereicht.

Sie sagte zum galaktischen Wolf:

„Ich sah dich gar nicht kommen, mein galaktisches Enkelkind. Hast du denn dein galaktisches rotes Käppchen gar nicht mehr, welches ich dir gab?"

Der galaktische Wolf ging, ohne ein Wort zu sprechen oder gar auf die Frage zu antworten, zum Bett der galaktischen Oma und fraß sie auf. Spuckte ein paar Drähte aus und verspeiste die galaktischen Batterien als wohlschmeckenden Nachtisch.

Dann zog er sich ihre Kleider an, setzte ihre galaktische Nacht-
haube auf, legte sich in ihr galaktisches Bett und zog die Vorhänge
zu. Das galaktische Rotkäppchen aber war noch ein wenig
zwischen den Sternen herumgestolpert, Sternschnüppchen zu
sammeln, hier und da ein Kometchen zu pflücken,
Fixsternchen zu rupfen für der galaktischen Großmutter ihre galaktische Blumenvase.

Dann begab sie sich wieder in ihre Umlaufbahn, welche sie nach
Hindelang führte, und landete nicht weit weg von Omas galak-
tischem Waldhaus. Sie wunderte sich, dass die Tür offen stand,
und dachte:
Ei, mein Gott, wie ängstlich ist es mir heute doch zu Mut, dabei
bin ich so galaktisch gern bei der galaktischen Oma.
Am liebsten wäre sie umgekehrt. Und hätte sie auf ihre innere
Stimme gehört, wäre diese Geschichte anders ausgegangen.

Sie aber drückte die Klinke herunter und rief: „Guten Morgen,
liebe Großmutter", ging zu dem Bett, zog den galaktischen Vor-
hang zur Seite, sagte noch:

„Aber was hast du doch für große Augen, Ohren, Pfoten, Zähne und welch einen großen Schwanz, liebe Oma", bevor sie starb. Weil der galaktische Wolf sie verschlang, mit allen ihren galaktischen Drähten, Leitungen, dem galaktischen Körbchen und Omas rotem Leuchtekäppchen.

Und wieder aß er ihre jungen, galaktischen Batterien als Nachspeise, als wären sie Himbeereis. Nun, was lernen wir aus diesem galaktischen Unsinn, Kinder?

Wir lernen, dass wir

a) mit unserem galaktischen roten Käppchen nicht überall in der Galaxis herumleuchten sollen, sonst sieht uns der galaktische Wolf schon von der Ferne und frisst unsere Oma und zuletzt gar uns selbst.

Und b), dass wir nie ohne unsere galaktische Beleuchtung durch die Galaxis wandern, weil unsere Oma uns sonst aus den Augen verliert und nicht merkt, dass wir der Wolf sind, welcher da an die Tür klopft. Welcher sie dann frisst.

Kurzum – wir lernen aus diesem Unsinn, dass wir machen können, was wir wollen, es ist immer falsch. Letztlich frisst der galaktische Wolf sowohl unsere Oma als auch uns in jedem Fall.

Merkt euch das mal und habt keine Hoffnung, dass ihr ihm entwischt ...

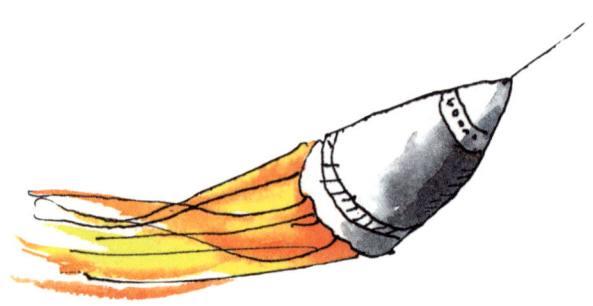

Das Hirtenbübchen

Es war einmal ein Hirtenbübchen, das war wegen der weisen Antworten, welche es gab, weit und breit bekannt.
„Weiser als drei Weise zusammen, und wären sie über hundert Jahre alt", sagte man.

Da befahl der König den Knaben zu ihm zu bringen, wollte er doch sehen, was an der Rede war. Doch der Knabe weigerte sich. „Mir hat keiner etwas zu befehlen", sagte er. Da ließ der König ihn mit Gewalt holen. Er sprach zu dem Knaben: „Kannst du mir drei Fragen, die ich dir stellen werde, beantworten, so will ich dir alles

geben, was du dir wünschst, und sei es mein ganzes Reich." Der Knabe antwortete nicht darauf, hatte aber wohl gemerkt, dass der König in seiner einfältigen Ungenauigkeit vergessen hatte zu sagen „... *richtig* beantworten ..." Denn *darauf* käme es an.
„Und wenn du sie nicht beantwortest, lasse ich dich in den Kerker werfen."

Nichts wäre für den Knaben schlimmer gewesen, als seine Freiheit zu verlieren. Also stellte der König die erste Frage: „Sage mir, wie tief ist das Meer an seiner tiefsten Stelle!" „Zwölftausenddreiunddreißig genau", sagte der Knabe. „Meter. Lasst es nachmessen." Das freilich konnte der König nicht, sonst hätte er es längst getan und gewusst und nicht fragen müssen. „Hm", knurrte er. „Zweite Frage: Wo beginnt die Ewigkeit und wo hört sie auf?" Der Knabe überlegte eine kleine Weile, hob den Finger und sagte: „Hier an der Spitze meines Fingers beginnt sie, dann umkreist sie die Zeit und schon in dieser Sekunde ist sie wieder zurück." Dann schnippte er mit dem Finger: „Schnipp, das ist sie. Habt Ihr's gehört?"
Der Narr des Königs hatte das mit angehört und wiegte den Kopf: „Er weiß wohl noch mehr, als die Leute von ihm sagen, und fast so viel wie ich."

Der König stellte die dritte Frage:

„Wie heiß ist das Feuer, Bube?"

„Lasst einen Kessel mit Feuer hereintragen!" Man brachte einen Kessel mit Feuer.

„Jetzt legt die Hand in das Feuer. So heiß ist es!"

Was der König freilich nicht tat. Aber wie könnte die Antwort auf eine Frage besser erfahren werden als so?

„Was für ein Knabe", sagte der König und bedauerte, dass er einen solchen Sohn nicht hatte. Seiner war nicht klug, eher dumm. „Nun wünsche dir, mein Junge, was du begehrst!" Hoffte der König doch, der Knabe würde sein Reich begehren und das Land hätte nach ihm einen guten König. Aber nichts begehrte der Knabe, nichts.

„Nur, dass Ihr mir nie wieder etwas befehlt, solange ich lebe."

Und das war dann doch wieder unendlich viel. Und er ging hinaus aus dem Palast ohne sich noch einmal umzuschauen.

Das kleine Mädchen mit den Schwefelhölzern

H. Chr. Andersen

Es war entsetzlich kalt, es schneite und der Abend begann zu dunkeln; es war der letzte Abend des Jahres. In dieser Kälte und Dunkelheit ging auf der Straße ein kleines armes Mädchen mit bloßem Kopf und nackten Füßen.

Als es das Haus verließ, hatte es freilich Pantoffeln angehabt. Aber was half das?

Es waren sehr große Pantoffeln, die seine Mutter bisher getragen hatte, so groß waren sie; und die Kleine verlor sie, als sie über die Straße huschte, weil zwei Wagen schrecklich schnell vorüberrollten.

Der eine Pantoffel war nicht wieder zu
finden, mit dem andern lief ein Junge
fort; er sagte, er könne ihn als Wiege
gebrauchen, wenn er selbst Kinder hätte.
Da ging nun das kleine Mädchen auf den nackten kleinen Füßen,
die rot und blau vor Kälte waren. In einer alten Schürze trug es
eine Menge Schwefelhölzchen und ein Bund davon in der Hand.

Niemand hatte ihm den ganzen langen Tag etwas abgekauft, niemand hatte ihm einen kleinen Schilling geschenkt; hungrig und
verfroren schlich es einher und sah so verschüchtert aus, das
arme kleine Mädchen! Die Schneeflocken bedeckten sein langes,
blondes Haar, das sich so hübsch im Nacken lockte; aber daran
dachte es nun freilich nicht.

Aus allen Fenstern glänzten die Lichter und es
roch in der Straße herrlich nach Gänsebraten;
es war ja Silvesterabend, und daran dachte es.
In einem Winkel zwischen zwei Häusern, von
denen das eine etwas weiter in die Straße vor-

sprang als das andere, setzte es sich hin und kauerte sich zusammen. Die kleinen Füße hatte es an sich gezogen, aber es fror
noch mehr, und nach Hause zu gehen wagte es nicht. Es hatte ja
keine Schwefelhölzchen verkauft und nicht einen einzigen Schilling
bekommen, sein Vater würde es schlagen.

Kalt war es zu Hause auch; über sich hatten sie nur das Dach,
durch das der Wind pfiff, wenn auch die größten Spalten mit
Stroh und Lumpen zugestopft waren.

Die kleinen Hände waren beinahe vor Kälte erstarrt. Ach! Ein Schwefelhölzchen konnte ihm wohl gut tun, wenn es nur ein einziges aus dem Bunde herausziehen, es an die Wand streichen und sich die Finger erwärmen dürfte.

Es zog eins heraus, "ritsch!", wie sprühte, wie brannte es! Es war eine warme, helle Flamme, wie ein kleines Licht, als es die Hände darüber hielt. Es war ein wunderbares Licht! Es schien dem kleinen Mädchen, als säße es vor einem großen, eisernen Ofen mit blanken Messingkugeln und einer Messingtrommel. Das Feuer brannte so schön und es wärmte so gut!

Das kleine Mädchen streckte schon die Füße aus, um auch diese zu wärmen – da erlosch die Flamme, der Ofen verschwand, es hatte nur den kleinen Rest des abgebrannten Schwefelhölzchens in der Hand.

Ein neues wurde angestrichen, es brannte, es leuchtete, und wo der Schein auf die Mauer fiel, wurde diese durchsichtig wie ein Schleier. Es konnte gerade in die Stube hineinsehen, wo der Tisch mit einem weißen Tischtuche und feinem Porzellan gedeckt war, und herrlich dampfte die gebratene Gans, mit Äpfeln und getrockneten Pflaumen gefüllt.

Und was noch prächtiger war, die Gans sprang von der Schüssel herunter und wackelte auf dem Fußboden, Messer und Gabel im Rücken, gerade auf das arme Mädchen zu.

Da erlosch das Schwefelhölzchen und nur die dicke, kalte Mauer war zu sehen.

Es zündete noch ein Hölzchen an. Da saß es nun unter dem herrlichsten Weihnachtsbaum, der noch größer und geputzter war als der, den es am Heiligabend durch die Glastür bei dem reichen Kaufmann gesehen hatte.

Tausende von Lichtern brannten auf den grünen Zweigen, und bunte Bilder, wie sie an Schaufenstern zu sehen waren, sahen herab.

Das kleine Mädchen streckte die Hände danach aus – da erlosch das Schwefelhölzchen. Die Weihnachtslichter stiegen höher und höher und es sah sie jetzt als helle Sterne am Himmel. Einer von ihnen fiel herunter und bildete einen langen Feuerstreifen am Himmel. „Jetzt stirbt jemand!", sagte das kleine Mädchen, denn die alte Großmutter, die Einzige, die gut gewesen und nun gestorben war, hatte ihm erzählt, dass, wenn ein Stern vom Himmel herunterfällt, eine Seele zu Gott emporsteigt.

Es strich wieder ein Hölzchen an der Mauer an, es leuchtete ringsumher, und in dem Glanze stand die alte Großmutter, so klar, so schimmernd, so mild und liebevoll. „Großmutter!", rief die Kleine. „Oh! Nimm mich mit! Ich weiß, du bist fort, wenn das Schwefelhölzchen erlischt, du verschwindest wie der warme Ofen, wie der herrliche Gänsebraten und der große, prächtige Weihnachtsbaum!"

Und es strich schnell den ganzen Rest der Schwefelhölzchen an, der noch im Bunde war, denn es wollte die Großmutter recht fest halten. Und die Schwefelhölzchen leuchteten mit einem solchen Glanze, dass es heller wurde als am hellen Tage.

Großmutter war früher nie so schön, so groß gewesen. Sie nahm das kleine Mädchen auf ihre Arme und sie flogen in Glanz und Freude so hoch, so hoch; und dort oben war weder Kälte noch Hunger, noch Angst – sie waren bei Gott.

Gut und schlecht

russisch

Unterwegs begegneten sich zwei Bauern.

„Nachbar, wo kommst du denn her?"

„Von weit her, aus der Stadt."

„Ist die Stadt groß?"

„Hab sie nicht gemessen."

„Sind die Leute stark?"

„Hab mich nicht gerauft."

„Zu was bist du hingefahren?"

„Um eine Tüte Erbsen."

„Da schau, wie gut."

„Gut, ja, aber nicht besonders."

„Wieso das?"

„Fielen mir zurück in den Sack."

„Wie schlecht!"

„Schlecht, ja, aber nicht besonders."

„Wieso das?"

„Eine Tüte voll reingefallen, zwei Tüten voll rausgeholt."

„Wie gut!"

„Gut, ja, aber nicht besonders."

„Wieso das?"

„Hab sie ausgesät, kamen die Vögel, haben sie aufgepickt."

„Wie schlecht!"

„Schlecht, ja, aber nicht besonders."

„Wieso das?"

„Blieben ein paar liegen, sind gewachsen, hatten gut Platz und haben viel Schoten getragen."

„Wie gut!"

„Gut, ja, aber nicht besonders."

„Wieso das?"

„Kamen des Pfarrers Schweine, haben sie mir aufgefressen und den Acker zertreten."

„Wie schlecht!"

„Schlecht, ja, aber nicht besonders."

„Wieso das?"

„Hab sie g'schlachtet. Wurst gemacht, neun Zuber eingepökelt."

„Wie gut!"

„Gut, ja, aber nicht besonders."

„Wieso das?"

„Kamen die Hunde des Pfarrers und haben alles bis zum letzten Bissen aufgefressen."

„Wie schlecht!"

„Schlecht, ja, aber nicht besonders."

„Wieso das?"

„Hab den Hunden das Fell über die Ohren gezogen, und habe einen Pelzmantel für mein Weib daraus gemacht."

„Wie gut!"

„Gut, ja, aber nicht besonders."

„Wieso das?"

„Ist zur Kirche gegangen, da hat der Pfarrer wohl den Pelz erkannt und sie ausgezogen."

„Wie schlecht."

„Schlecht, ja, aber nicht besonders."

„Wieso das?"

„Hat dem Pfaffen gefallen, hat sie behalten."

„Wie schlecht!"

„Schlecht, ja, aber nicht besonders. Ist mit ihm in den Himmel gefahren und wird mir dort einen guten Platz besetzen."

„Ach", sagte der eine Bauer, „wie gut, wenn einer jemanden bei
der Obrigkeit hat, welcher ihm einen Platz freihält."
„Siehst du", sagte der andere Bauer,
„nur Glück muss man haben, dann geht es schon."

Der Quasselkasper findet das Glück

Ein Weihnachtsmärchen von Janosch

An einem hundserbärmlich kalten Tage – und es schneite obendrein, dass du den Fuß nicht sehen konntest, nicht einmal die Hand vor der Kaspernase – trippelte der Quasselkasper von Wasserburg auf seiner Reise durch die Welt die Landstraße entlang, kaum dass er die Beine noch bewegen konnte. Seit fünf Tagen keinen Bissen Brot zwischen den Zähnen gehabt und Käse schon gar nicht.

Und seit sieben Tagen kein warmes Quartier für die Nacht.

Was für ein gotterbärmlich armseliges Leben, fürwahr.

„Ich werde voraussichtlich ziemlich sicher sterben", sprach er zu sich.
Ein kurzer Satz für einen, der so gern spricht. *Quasselt*, sagt man, aber sagen wir lieber: spricht.

Er war also auf dem Weg durch die Welt und auf der Suche nach
dem Glück des Lebens, und wenn er keinen Wegkameraden
hatte, redete er mit sich selbst, nun aber hatte er seit acht Stunden nicht mehr. So erbärmlich stand es um ihn.

Obendrein war heut' Weihnachten.
Und nicht einmal ein Nachtquartier.
„In der nächsten Kurve lege ich mich aufs Moos und
scheide dahin.
Ade, du Welt, nun muss der Kasper sterben, hatte kein Glück und
auch kein Geld, und niemand wird was erben."

Kaum hatte er den Schnee vom Moos geschaufelt, denn auf
Moos wollte er sterben und nicht auf dem kalten Schnee, denn
Moos darf ein Kasper vom harten Leben doch wohl verlangen als
letzten Wunsch. Oder nicht?
Ja.

Da roch er von irgendwoher Erbsensuppe.

„Oh, Erbsensuppe und möglicherweise sogar Püree ..."

Seine Leib- und Magenspeise.

Sofort fühlte er wieder Leben in seinen Beinen, rutschte den
Abhang hinunter, denn er glaubte fest an Wunder. Schon gar
erst recht an Erbsenpüreewunder, kam zu einem kleinen Haus,
tief verschneit, aber mit Licht hinter dem Fenster und Rauch aus
dem Schornstein ...
... UND ERBSENPÜREE in der Luft.
Zu riechen.

Er klopfte, rief:
„Ist da wer, welcher einen armen Wandersmann speisen
möchte?"

Und einer rief von innen:
„Oh, eine Kasperstimme, treten Sie
näher, Sir, nehmen Sie Platz an meinem Tischlein, es gibt sofort Erbsenpüree mit gebräunten Zwiebelchen,
und der Ofen ist gut geheizt. Ich bin
ein wenig kurzsichtig, weil ich ein
blinder Maulwurf bin, wo ist Ihre
Pfote?
Reichen Sie mir doch diese zum
Gruße."

Der glückliche Maulwurf.
Blind. Natürlich blind, weil ein Maulwurf
nicht sehen muss. Weil er unter der Erde
haust, da ist kein Licht.
Was nicht muss, das muss nicht.

Der Quasselkasper reichte ihm die Hand, der Maulwurf führte ihn
zu dem Tisch, und sie speisten zusammen – so fein hatte der
Quasselkasper zeit seines Lebens nicht gegessen. „Ihre Fußbeine,
Sir! Legen Sie diese in dieses wunderbare Badewasser, das
braucht der Mensch."

Der Maulwurf hatte Schnee auf dem Ofen geschmolzen und ein
warmes Fußbad in einem Eimer bereitet. Etwas Moos hinein-
gebröselt, fragte aber den Quasselkasper nicht, wo er herkomme,
wohin er ginge. Denn was spielt das schon für eine Rolle, wenn
es kalt ist.
Doch der Quasselkasper erzählte von allein, war er doch
froh, einen gefunden zu haben, dem er etwas erzählen
konnte:
„Quasselkasper. Mein Name ist Quasselkasper *von*
Wasserburg. Ein wenig von Adel.

Auf dem Weg durch die Welt und auf der Suche nach dem Glück."

„Oh, welch ein Glück Sie haben, Sir, SIE HABEN ES GEFUNDEN. Das Glück wohnt bei mir und ich schenke es Ihnen."

Verdammt, ja, dachte der Quasselkasper. Fühlte noch einmal den wunderbaren Geschmack des Erbsenpürees auf der Zunge und das Fußbad an den Beinen. Und dachte dieses Mal eher leise und in sich:
„Verdammt ja, Erbsenpüree mit Zwiebelchen. Mehr gibt es nicht für einen Kasper."

Nie schlief der Quasselkasper so selig wie in dieser Nacht im Bett des glücklichen Maulwurfs. Der hatte es ihm überlassen und schlief selbst auf dem Boden.

Mein lieber Fuchs

Weil der Fuchs die Gänslein liebt, sprach er eines Tages zu seiner Frau: „Nun gehe ich in das Dorf und hole ein paar Gänse zu uns. Bereite du schon mal die Pfanne, heize den Ofen an, ja!"

„Aber bring sie lebend", rief seine Frau ihm noch nach, als er schon aus der Höhle war. „Na klar", rief der Fuchs, denn er war ein Freund der Fröhlichkeit. Sie wollten das Fest vorher mit den Gänslein gemeinsam feiern, solang sie noch leben würden. Wie sie es oft schon taten. Mit Tanz und Gesang, Jag-mich-fang-mich spielen, Federchen fliegen lassen und was man mit Gästen alles so machen kann.

Der Fuchs ging nun zum Hof des reichsten Bauern, damit er die Gänse nicht einzeln zusammensuchen musste, klopfte höflich an, um nicht als ungehobelt angesehen zu werden, und lud sie zum Festmahl:

„Meine Frau bäckt zwei Kuchen und brät einen Kirchweihbraten. Und vorher wird getanzt, Mädchen, dass die Beinchen dampfen. Kommt ihr mit?"

Das schien den Gänsen recht zu sein, denn sie gackerten und kackerten und folgten ihm im Gänsemarsch durch die Felder. Die Stalltür hatte er zuvor geöffnet, der Bauer und das Gesinde

waren auf dem Feld, die Bauersfrau mit dem Auto in der Stadt beim Friseur, und so konnten sie allesamt laut singend und schnatternd in den Wald wandern, ohne dass sie einer aufhielt.

„Das Wandern ist der Gänse Lust …"

Dann der Fuchs:
„Das Tanzen auch …"

Die Gänse:
„Das muss ein lustiger Geburtstag sein, das Füchslein lädt uns Gänslein ein.
Das Wandern,
das Wandern …"

Der Fuchs: „… und auch der Schmaus."

Als sie bei Fuchsens ankamen, war der Ofen noch nicht heiß genug, und so machten sie es sich auf dem Sofa bequem, lümmelten sich dort herum, in der Mitte der Fuchs, rings um ihn und auf ihm die Gänse, in der Küche aber wetzte die Füchsin schon das Messer.

„Nun lasst uns erst das Federfliegespiel spielen!", rief der Fuchs, denn das Wasser lief ihm schon im Maul zusammen und es drängte ihn, den Gänschen, hier der einen, dort der anderen Gans, schon ein paar Federchen auszurupfen.

Er blies sie in die Luft, wer die meisten Federn fing, wurde Sieger.
Das Spiel sollte so lange gehen,
bis sie kein Federchen mehr am
Leib trugen und sozusagen brat-
fertig gerupft vorlagen.

An dieser Stelle aber ging den
Gänsen ein Licht auf und sie er-
kannten den Halunken, wussten,
was hier gespielt werden sollte:
„Kirchweihbraten, Gänsebraten, mein
lieber Fuchs! Das soll er uns bezahlen."
Und weil Gänse nur scheinbar dumm sind, in Wahrheit aber das
Gegenteil, spielten sie vorläufig fröhlich mit. Wollten aber lieber
tanzen als das Federfliegespiel zu spielen, was dem Fuchs auch
recht war.

Jede wollte die Erste sein:
„Nimm MICH!"

„Nein, zuerst mich."

Und so packten sie ihn, eine nach der anderen drehten ihn im Kreis. Ohne Pause. Zerrten ihn hinaus auf den Acker, denn die Feinde ist es besser einzeln zu erledigen.

Tanzten dort immer weiter, während die Füchsin in der Höhle gar schon die Teller auf dem Tisch zurechtstellte.

Draußen aber drehten die schlauen Gänse den Fuchs so lange,
bis er nicht mehr wusste, wo vorn und hinten, oben und unten
war, und erschöpft niedersank. Liegen blieb. Sich erholen wollte.

Da tanzten sie auf ihm weiter, trampelten ihn flach, bis er aussah
wie ein Bettvorleger. Zogen ihn am Schwanz über den Acker und
legten ihn dann der Füchsin vor die Höhle.

Als der Ofen heiß genug und die Pfanne gut eingefettet war, rief
sie hinaus:

„Möchtest du die Kirchweihbraten lieber mit Äpfeln gefüllt oder
mit Kastanien, Hans?"

Der Fuchs antwortete nicht, denn er hatte sein Leben längst aus-
gehaucht.

Da kam sie heraus und rief:

„Hans, wo bist du denn, so antworte doch!" Nun sah sie ihn da
liegen und hub ein großes Heulen gen Himmel an.

Die Gänse aber lauerten im Gebüsch, konnten sie leicht überwäl-
tigen, denn sie hatte die Augen voller Tränen, sah deswegen
nicht, wo vorn und hinten und oben und unten ist, und nicht
lange, da ward auch sie platt getreten wie der Fuchs.
Die Gänse mussten die Felle nicht einmal gerben. Nähten sich
daraus Pelzmäntel und kleine Mützen, legten sich die Schwänze
um den Hals und tragen sie nun wie einen Schal.

Und so laufen sie noch heute dort in dieser Gegend herum, habt
ihr sie denn nie gesehen, Leute? Mit ihren Mäntelchen und Mütz-
chen? Nein?

Wie der Kasper und der Rabe Krupuk eine Wette gewannen

Der Kasper war der größte Wettmeister in der ganzen Stadt. Einmal ging er zum Raben Krupuk und sagte:

„Wollen wir um etwas wetten, Krupuk?" „Um was", krächzte der Rabe Krupuk dort auf seinem Baum im Stadtpark.

„Dass ich jede Wette gewinne."

„Nein, nein, nein", krächzte der Rabe Krupuk, „ICH gewinne jede Wette, wetten? Weil, eine Wette zu gewinnen, erfordert die Gabe der Weisheit. Und die hast du nicht, wetten?" „Warum habe ich nicht die Gabe der Weisheit?", fragte der Kasper, und sie hatten schon drei Wetten zusammen.

„Weil ICH der Gipfel der Weisheit bin. Und über dem Gipfel kann nichts drüber sein, wetten?" „Vierte Wette angenommen", lachte der Kasper,
„denn wärest du der Gipfel der Weisheit, dann wärest du weiß und das bist du nicht, wetten?" Fünfte Wette.

„Ich bin weiß, wetten? Einsatz zwei Mark." Sechste Wette.

Die Wette galt und der Kasper holte bei seiner guten Oma den Rasierspiegel vom guten Opa. Steckte ihn in Omas Korb und machte sich auf den Weg zum Raben Krupuk auf seinem Baum dort im Stadtpark.

Die gute Oma fragte noch:

„Wo gehst du denn hin, Kasper?"

„Ich habe mit dem Raben Krupuk gewettet, dass er nicht weiß ist, und diese Wette gewinne ich, wetten?"

Siebte Wette an diesem Tag.

Die gute Oma sagte:

„Ich sage auch, dass der Rabe Krupuk nicht weiß ist. Also können wir nicht wetten. Wenn beide das Gleiche sagen, können sie nicht wetten. Tut mir leid."

Also eine Wette wird gestrichen und wir sind wieder bei Nummer sechs.

Also ging der Kasper zum Raben Krupuk, nahm den Spiegel aus dem Korb, hielt ihn dem Raben vor den Schnabel und sagte:

„Was siehst du hier, mein Lieber?"

„Einen vorzüglichen bildschönen Raben, der aussieht wie ich."

„Und, ist ein Rabe weiß oder schwarz?"

„Immer weiß", sagte Krupuk. „Damit habe ich die Wette gewonnen."

„Weil du lügst. Wetten, dass du lügst?" „Warum?"

„Weil, schwarz kann niemals weiß sein, wetten?" Achte Wette.

„Weiß IST schwarz. Wetten?"

„Einverstanden. Um wie viel?"

„Neun Mark", rief der Kasper. Damit hatten sie ungefähr schon die zwölfte Wette an diesem Tag. „Und du kannst mir nie beweisen, dass ich lüge. Wetten?"

Dreizehn Wetten.

„Ich kann es dir beweisen, du Dummkopf, wetten?"

Vierzehn Wetten.

„Um elf Mark?"

„Einverstanden", sagte der Kasper. „Ich wette, dass du überhaupt kein Geld hast." Fünfzehnte Wette.

„Und ich wette, dass DU kein Geld hast." Sechzehn.

Nun kam der schlaue Wilddieb Waldschuh des Wegs und rief: „ich wette mit euch, dass ihr schon wieder wettet."

„Um wieviel, Herr Waldschuh? Neun gegen sieben?"

„Gemacht", sagte der schlaue Wilddieb Waldschuh.

Der Wilddieb Waldschuh hatte aber kein Geld, weil er noch nie Geld besaß, sonst wäre er ja kein Wilddieb geworden. Doch das wusste nur er. Also sagte er:

„Und keiner von euch hat auch nur eine Mark, deswegen können wir gar nicht wetten. Das wette ich. Wenn einer von euch auch nur eine einzige Mark besitzt, habt ihr ganz klar gewonnen."

Und weil beide gewinnen wollten, holten sie ihr Geld heraus. Der Kasper hatte drei Mark, weil er für den Onkel Edelwächter einkaufen ging und sich seinen Lohn zum Wetten aufgespart hatte. Und der Rabe Krupuk hatte fünf Mark, weil der Oberförster Pribamm im Wald eingeschlafen war und dieses Geld zufällig in seiner Geldbörse hatte, wo der Rabe Krupuk zufällig hineingeschaut hatte und es sicherheitshalber mitnahm, damit kein Taschendieb es zufällig dem Oberförster Pribamm stehlen könnte.

Das wäre für den Oberförster nicht gut gewesen. Also zählten sie alles zusammen.

Der Kasper gab es dem Raben Krupuk, damit sie es zusammenzählen konnten.

Der Rabe Krupuk legte es in die Hand des schlauen Diebes Waldschuh, damit dieser genau sah, dass sie doch Geld hatten und sie die Wette gewonnen hatten.

Wo es auf eine wunderliche Weise mit einmal verschwand. Wie vom Erdboden verschluckt. Als wäre der schlaue Wilddieb Waldschuh auch noch ein Zauberkünstler.

„Wo ist das Geld?", rief der Kasper. „Eben war das Geld noch in deiner Hand."

„Da war nie Geld in meiner Hand, wetten?", rief der Wilddieb Waldschuh.

„Wetten!", rief der Kasper, „der Rabe Krupuk hat es auch gesehen und damit wäre das bewiesen." „ICH HABE ES AUCH GESEHEN. Damit ist es bewiesen und wir haben die Wette gewonnen", krächzte der Rabe Krupuk.

„Da habe ich Pech gehabt, verdammt, ja. Ihr habt die Wette ge-
wonnen, da könnt ihr euch wahrhaftig freuen, aber echt. So ein
Ärger."
Sagte das und ging traurig von dannen.

Damit hatten aber beide auf einen Schlag eine Wette gewonnen.
Das kommt nicht so oft vor im Leben.
Sie nahmen Omas Korb, gingen in den Wald Pilze suchen, welche
sie morgen auf dem Markt verkaufen werden. Damit sie Geld
zum Wetten haben.

JANOSCH's
GROSSER
KLEINER TiGER-ATLAS

Einmal sagte der kleine Tiger zum kleinen Bär:
»Rate mal, wo ich geboren bin!«
»Wolfenbüttel«, sagte der kleine Bär.

»Nein«, sagte der kleine Tiger.
»Dann Athen oder so.«
»Auch nicht.«
»Oder Remscheid-Achterbahn.«
»Dort schon gar nicht, alter Junge, denn das kenne ich nicht.«

»Dann in Paris-London-Berlin und Köln am Rhein, wo mein Onkel, der große dicke Waldbär, wohnt.«
»Nein, nein, nein!«, rief der kleine Tiger. »In Indien.«

Wohin denn?

Komm sofort zurück, Haus!

Indien!

gibt es nicht!

»Indien gibt es nicht«, brummte der kleine Bär, drehte sich um und wollte schlafen.

»Alle Tiger sind in Indien geboren«, rief der kleine Tiger und sprang auf den Tisch.

Indes der kleine Bär schon schnarchte.

Wegen des Lärms stand er aber wieder auf, nahm Schaufel und Korb und wollte in den Garten gehen, Petersilienwurzeln graben.

»Ich werde dir Indien zeigen«, sagte der kleine Tiger, »weil Maja Papaya einen Atlas hat.«

Der kleine Tiger schwang sich auf sein Tiger-Bikel und raste hastdu-
denhasennichtgesehenwieerläuftsoschnell und holte Maja Papaya mit-
samt ihrem Atlas.

»Ein Atlas heißt Atlas«, sagte Maja Papaya, »weil eine alte Geschichte
erzählt, dass der Riese Atlas das Himmelsgewölbe auf seinen Schul-
tern trägt.«

»Ist total keine Kunst«, rief der kleine Tiger. »Das kann jeder. Weil der
Himmel nichts wiegt. Der Himmel ist Luft, und Luft wiegt nichts.«

»In einem Atlas befinden sich die Landkarten aller Länder der Erde,
und die Erde ist ein Planet und schwebt im Kosmos. Keiner kann
sagen, wie groß der Kosmos ist, er ist so unendlich wie die Ewigkeit.
Beide haben keinen Anfang und kein Ende.«

»Ha!«, rief der glückliche Maulwurf, »die Ewigkeit fängt hier an meinem
Finger an, dann geht sie ganz herum um den Kosmos und hört hier an
meinem Finger wieder auf. So ist das.«

»Die Erde gehört zum Sonnensystem und ist ein Planet. Sie kreist mit anderen Planeten um die Sonne, und dabei dreht sie sich auch noch um sich selbst. Deswegen fällt das Sonnenlicht immer auf die eine Hälfte der Welt. Auf der Sonnenseite ist es dann Tag, auf der anderen Hälfte ist es Nacht. Um die Erde kreist aber wieder der Mond.«

»Und zwischen den Planeten rasen die Astronauten herum«, rief der kleine Tiger. »Und wir wissen, dass die Erde eine Kugel ist. Rund. Ich fahre nämlich mit meinem Tiger-Bikel erst bergauf, dann bergab – klar!«

»Von oben sehen die Astronauten, dass drei Viertel der Erd-
oberfläche von Meeren bedeckt sind. Das Meerwasser ist
salzig, weil der Meeresgrund aus Mineralien besteht, die sind
salzig und lösen sich auf.«

Die drei größten Meere nennt man Ozeane. Es sind der Atlantische Ozean, der Indische Ozean und der Pazifische Ozean. Um den Nordpol herum gibt es das Nordpolarmeer und um den Südpol das Südpolarmeer. Außerdem gibt es auf der Erde noch etliche kleinere Meere. Zum Beispiel das Mittelmeer, das Rote Meer, die Nordsee, die Ostsee. Das Wasser der Meere ist immer in Bewegung. Von oben und auch hier im Atlas sehen die sieben Erdteile oder Kontinente wie große Inseln in den Weltmeeren aus: Europa, Asien, Afrika, Nordamerika, Südamerika, Australien, Antarktika.

»Und auf den Meeren rasen die Seeräuber mit ihren Schiffen und zer-
schellen an den Klippen. Wummmmtrallala!«, sang der glückliche Maulwurf in seinem Turnschuh, denn er träumte von der christlichen
Seefahrt der wilden Maulwürfe.

»Landkarten braucht jeder«, sagte Maja Papaya, »der eine
Reise machen will. Er sucht zuerst den Ort, wo er losgeht,
und dann das Ziel. Wo wollt ihr denn hin, Jungs?«
»Indien«, rief der kleine Tiger. »Dort bin ich geboren.«
»Und wo soll die Reise beginnen?«
»In Köln«, brummte der kleine Bär. »Denn Köln kennen
wir. Dort wohnt mein Onkel, der große dicke Waldbär.
Und dort steht der große schwarze Dom, vor dem kann
ich mich fürchten.«
»Hier, wo ich den großen roten Pfeil auf die Weltkarte
lege«, sagte Maja Papaya, »liegt
Köln und bei den zwei Pfeilen Indien.«
»Ist gar nicht weit«, brummte der kleine Bär,
»nur von hier bis da. Keine zehn Zentimeter, 'ne Minute,
grob geschätzt. Katzensprung.«
Na, mein lieber Bär, das ist aber ein Irrtum! Ein Zenti-
meter auf der Karte ist auf der Erdkugel viele hundert
Kilometer weit.

Köln ist eine große Stadt und liegt am Rhein. Man baute
die Städte früher an den Flüssen, weil man dann mit
den Schiffen die Waren und die Leute bis zum Meer
befördern konnte. In Köln gibt es jetzt so viele Menschen, dass sie bald keinen Platz mehr zum Wohnen
und zum Schlafen haben.
»Warum gibt es so viele Menschen?«, fragte
der kleine Tiger.
»Sie werden geboren«, antwortete der kleine Bär.

Ich werde ohnmächtig

Ich sehe einen fliegende Mauschfisch, mariechen

Köln liegt im Westen von Deutschland. Auf der Landkarte ist oben immer Norden, links Westen, rechts
Osten und unten Süden. Draußen findet man Norden
mit dem Kompass. Seine Nadel zeigt immer nach Norden.
Das muss man wissen, wenn man einen Weg sucht.
Wir suchen auf der Landkarte nun den Weg nach Indien
und verbinden die beiden Orte mit einem roten Strich.
Dabei können wir verschiedene Wege aussuchen.
»Können wir auch über Italien?«, rief der kleine Tiger,
»wegen Spagetti mit Tomatenpapp. Hujujujuju, mir läuft
das Wasser im Mund zusammen vor lauter Leiden-
schaft.«
Wir gehen also in Deutschland nach Süden Richtung Österreich. Die Hauptstadt von Deutschland
heißt Berlin. Die Hauptstadt von Österreich heißt
Wien. Jedes Land hat eine Fahne.
In Deutschland gibt es sehr viele Fabriken. Alle
zusammen heißen die Industrie. Da werden
Autos, Maschinen, Werkzeuge, Schiffe, Tex-
tilien, Flugzeuge, Möbel und noch vieles
mehr hergestellt und in andere Länder der
Welt verkauft.

Stürmische See linke
großbritannien

Großbrit

Paris
Frank

Portugal

Spanien

Mittelmer

König Ludwig

Froschkönig

Zaunkönig

Afri

und in der heißen Sonne
schmachtet der Frosch vor Sonne.

österreich

Das nennt man den Export. Alles, was Räder hat und auf Straßen fährt, nennt man Verkehr.
»Auch mein Tiger-Bikel und meine Tigerente haben Räder«, rief der kleine Tiger, »dadurch sind wir der Verkehr. Oder was?«

Wir gehen über die Alpen und ein kleines Stück durch Österreich. Und schon sind wir in Italien. Die Hauptstadt von Italien heißt Rom, dort wohnt der Papst. Italien sieht aus dem Weltall aus wie ein Stiefel, ist eine Halbinsel und liegt im Mittelmeer. Es gibt dort zwei große Vulkane, den Ätna und den Vesuv. Ein Vulkan speit manchmal Feuer, weil es tief in der Erde noch sehr heiß ist und das Feuer an manchen Stellen ausbricht.
Die schönste Stadt von Italien ist Venedig. Dort sind Paläste wie aus einem Märchen auf Pfähle ins Wasser gebaut. So viele Leute wollen Venedig sehen, dass die Stadt durch das Gewicht der Menschen ein-mal versinken könnte. Manchmal wird sie deswegen gesperrt.
Zu Italien gehören zwei größere Inseln, Sardinien und Sizilien, und ein paar kleinere Inseln. Die größten Städte sind Rom, Mailand, Turin und Genua. Die größten Flüsse sind der Po und der Tiber.
Rom liegt am Tiber, Mailand am Po.

Das ist
ein vulkan

In Venedig gibt es kaum Straßen. Kirchen, Häuser und Paläste sind von Wasser umgeben. Alles wird auf Gondeln transportiert. In Pisa steht ein Turm, der ist so schief, dass er eines Tages umfallen wird, wenn niemand ihn rettet. Die meisten Leute fahren nach Italien, um sich in die Sonne zu legen und zu baden. Andere, um italienisch zu essen oder wegen der Kunstschätze. Aber fast alle fahren, weil es dort wärmer ist. Und wärmer ist es, weil Italien näher am Äquator liegt als Deutschland.

mein Gott, ist es heiß!

»Hei!!«

»Igitt ein Hai«

»schmatz rrrarr«

Nord

West — Ost

Süd

»Mit dem Äquator ist das so: Dort, wo die Sonne um Mittag am höchsten steht, ist die Hitze am größten. Klar? Das ist in der Mitte. Und diese Mitte heißt Äquator«, sagte Maja Papaya.

»Zum Nordpol und zum Südpol strahlt die Sonne nur so flach hin, dass dort seit Ewigkeiten das Eis nicht schmilzt. Am Nordpol und am Südpol ist es also am kältesten. Alles ist weiß: die Eisberge, die Eisbären.«

»Ich habe dort einen Onkel«, rief der kleine Bär, »der heißt Eisbär – Großer-Dicker-Eisbär.«

»Aber nicht alles ist weiß«, rief der glückliche Maulwurf. »Die Robben nämlich sind schwarz. Die Pinguine tragen einen schwarzen Frack. Und so weiter. Wenn du etwas sagst, muss es auch ungefähr genau richtig sein. Ja?«

»Am heißesten ist es in Afrika, weil in seiner Mitte der Äquator liegt.«

Iglu

Eskimo

Globus

Seehund

äquator

Großer-Dicker-Eisbär

Pinguin

»In Afrika gibt es keinen Winter, aber viel Wüste. Die Sahara ist die größte Wüste der Erde. Afrika ist ein Riesenkontinent und besteht aus über 50 Staaten und hat fast 600 Millionen Einwohner, die tausend verschiedene Sprachen sprechen. «

»Hujujujui, tausend Sprachen! Ist ja der totale Heuler«, rief der kleine Tiger, »könnte ich nie lernen.«

»In Afrika gibt es sehr schöne Menschen. Am schönsten sehen die Tuareg aus.« »Ich bin ein Tuareg!«, rief der kleine Tiger.

»Viele Afrikaner sind schwarz. Manchmal ist es dort so trocken und heiß, dass die Menschen verhungern und verdursten. Oben im Norden sprudeln Ölquellen, und manche Scheichs sind unendlich reich.

In Afrika gibt es unzählbar viele und schöne Tiere: Elefanten, Löwen, Leoparden, Giraffen, Zebras, Nashörner, Büffel, Antilopen. Sie leben auch in großen Tierparks, wo sie nicht mehr ausgerottet werden dürfen.

In Südafrika wird Gold gefunden, und es gibt Diamantminen. Schwarze werden dort auch heute noch von Weißen unterdrückt. Unser Weg geht nicht durch Afrika.«

Jetzt brauche ich eine Pinkelpause

Türkei

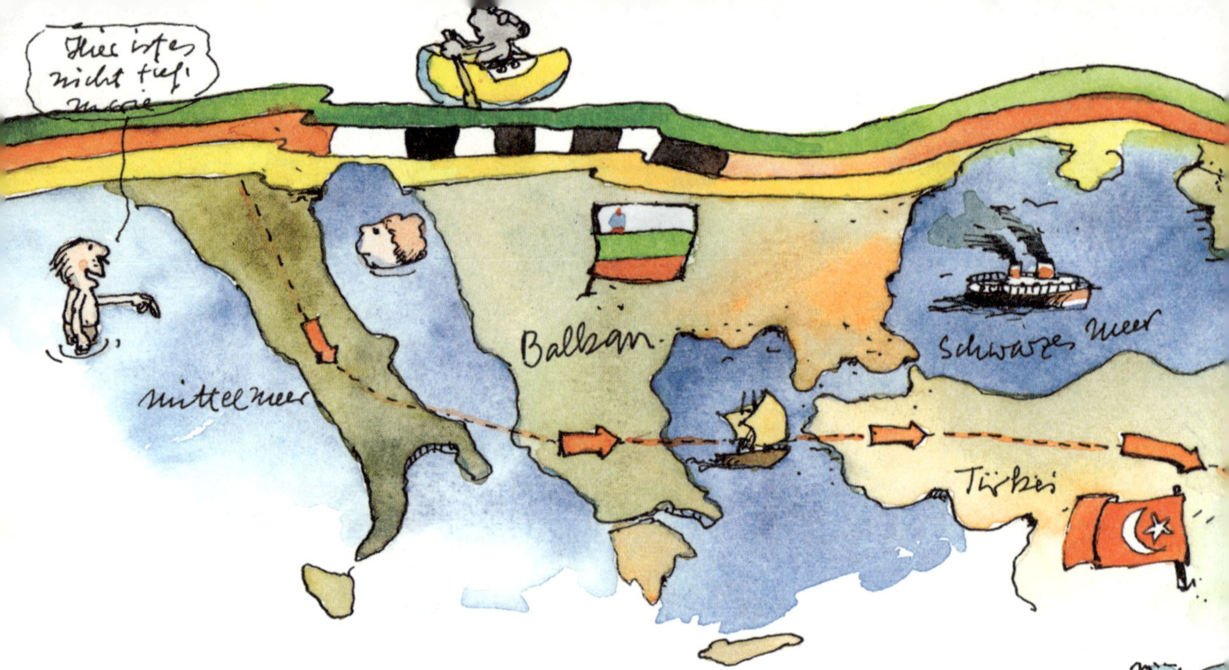

»Wir fahren von Italien über das Mittelmeer und durch Griechenland. Griechenland gehört zu Europa. Europa ist der zweitkleinste Kontinent der Erde und besteht aus 37 Staaten. Hier leben mehr als 650 Millionen Menschen. Griechenland gehört zu den Balkanländern. Seine Hauptstadt ist Athen. Griechenland hat viele schöne Inseln. Früher haben hier die griechischen Götter gewohnt. Wir ziehen weiter in die Türkei.«

»Oh, die Türkei!«, rief der kleine Tiger. »Ich habe eine Freundin, die ist Türkin. Die Türkei lieben wir, denn dort gibt es türkischen Honig und Baklava – hujujujujui, das begeistert mein Gemüt.«

»Die Hauptstadt der Türkei ist Ankara«, sagte Maja Papaya. »Ein kleiner Teil der Türkei gehört zu Europa, der größere zu Asien.«

Jetzt musste der kleine Bär wieder mal pinkeln, kam aber schnell zurück, weil er gleich um die Ecke an die Hauswand geschifft hatte, um nichts zu verpassen. »Die größten Flüsse sind der Kizilirmak und der Euphrat. Die großen Städte heißen Istanbul, Ankara, Izmir, Adana, Bursa und Gaziantep.«

»Jetzt ist's aber genug«, brummte der kleine Bär, »so viel kann ich mir nicht merken. Wo ist endlich Indien?«
»Hier«, sagte Maja Papaya und zeigte es ihnen auf der Landkarte.

Der kleine Tiger sagte, er wolle mit dem Tiger-Bikel durch die
Türkei radeln.
Na, mein lieber Tiger, da würdest du dich aber wundern!
Die Türkei ist ein großes Land. Auf der Landkarte sieht alles viel
kleiner aus.
Sie waren am Kaukasus vorbei über das Kaspische Meer und
nach Afghanistan und Pakistan gereist. Und der kleine Bär hatte
gesagt: »Im Kaukasus habe ich einen Onkel, der heißt Großer-
Dikker-Russenbär. Wollt ihr ein Foto sehen?« »Nein!«, rief der
glückliche Maulwurf, »du hast zu viele Onkel.« Dann endlich
waren sie in Indien.
»Oh, du Land meiner Väter!«, rief der kleine Tiger. »Hier bin ich so
gut wie sicher geboren. Wo seid ihr, Königstiger? Hier stehe ich,
euer Königstigerenkel.«
Doch es kamen keine Tiger. Und Maja Papaya sagte:
»Die Menschen haben die Tiger fast
ausgerottet. Es gibt nur noch sehr
wenige, die verborgen im Dschun-
gel leben.«
Da schwor der kleine Tiger den
Menschen ewige Rache.
Indien hat 800 Millionen Einwohner. Viele Menschen sind
so arm, dass sie auf den Straßen verhungern. Manche aber
sind so reich, dass sie in gol-
denen Palästen wohnen.

Armes Hemd

Indien ist ein geheimnisvolles Land. Es gibt dort Menschen, die töten nie ein Lebewesen, nicht einmal eine Fliege. Sie essen kein Fleisch und sie glauben, dass alle Lebewesen immer wiedergeboren werden.
Der größte Fluss ist der Ganges, und den Indern ist er heilig.
Der Ganges ist unsagbar schmutzig, doch die Inder baden darin, und wenn sie krank sind, trinken sie das Wasser und werden gesund. Wenn man fest an etwas glaubt, dann tritt es ein. Auch wenn es anderen wie ein Wunder erscheint.
In Indien gibt es die Yogis. Das sind Heilige, die essen so gut wie nichts. Manche können in der Luft schweben oder sich begraben lassen und kommen nach zwanzig Tagen wieder aus dem Grab heraus.

In den Städten laufen auf den Straßen Kühe herum. Sie können sich mitten in den Verkehr legen, und niemand verjagt sie, denn Kühe sind in Indien heilig und werden nie geschlachtet. Zum Ziehen der Pflüge dürfen sie benutzt werden. Ihre Lasten packen die Inder auf Elefanten.

Und wer reich ist, lässt sich in einer Sänfte tragen. Im Norden von
Indien liegt das Himalayagebirge mit dem höchsten Berg der Welt,
dem Mount Everest. Aus aller Welt fahren die Bergsteiger dort hin,
um den Rand der Ewigkeit zu spüren.
»Das brauche ich nicht«, brummelte der glückliche Maulwurf, »weil
sich der Rand der Ewigkeit überall befindet. Sogar auf dieser Erbse.«

»Die Bauern in Indien bauen Reis, Hirse, Weizen und Baumwolle an,
aber es reicht nicht, um die vielen Menschen zu ernähren. Und es
werden immer mehr geboren. In den Städten ist die Not am größten.

Die Hauptstadt von Indien heißt Delhi.
Andere große Städte sind Kalkutta, Madras, Bombay oder Heidarabad.«

Der kleine Bär sagte, er wolle jetzt lieber nach Hause.
Er habe Hunger.
Da schlug Maja Papaya im Atlas die Seite mit der Weltkarte auf.

»Weil die Welt rund ist, müssen wir nur
weiter nach Osten reisen und kommen
dann von Westen her wieder zu Hause an.«

König des Meeres

127

N
W · O
S

Russland

China

Japan

Pazifischer Ozean

Arabien

Indien

Indonesien

Indischer Ozean

Australien

Jugendlicher Weltumsegler

WELTKARTE

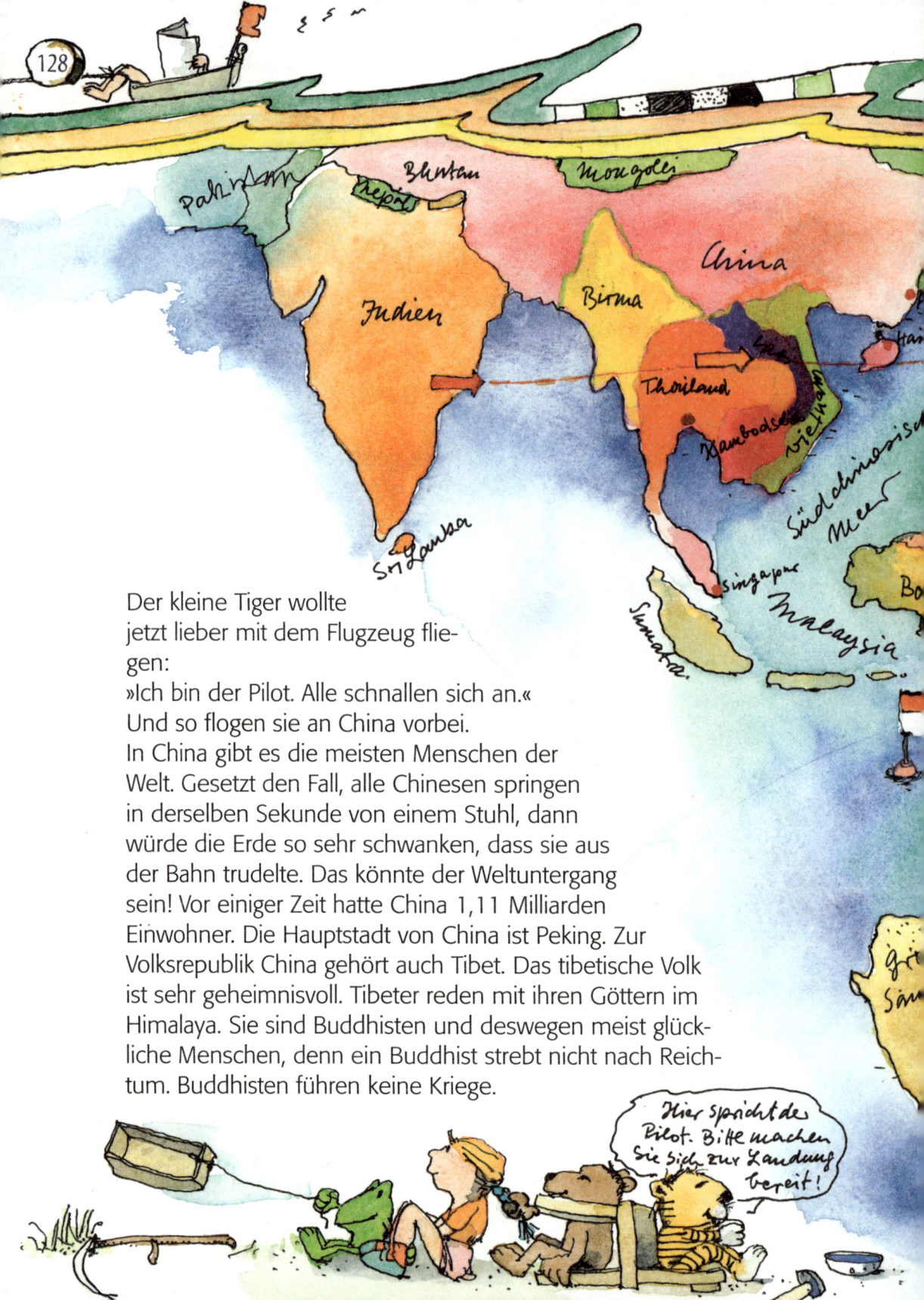

Pakistan

Bhutan

Mongolei

Nepal

China

Indien

Birma

Thailand

Kambodscha

Vietnam

Südchinesisches Meer

Sri Lanka

Singapur

Sumatra

Malaysia

Bo

Der kleine Tiger wollte
jetzt lieber mit dem Flugzeug fliegen:
»Ich bin der Pilot. Alle schnallen sich an.«
Und so flogen sie an China vorbei.
In China gibt es die meisten Menschen der
Welt. Gesetzt den Fall, alle Chinesen springen
in derselben Sekunde von einem Stuhl, dann
würde die Erde so sehr schwanken, dass sie aus
der Bahn trudelte. Das könnte der Weltuntergang
sein! Vor einiger Zeit hatte China 1,11 Milliarden
Einwohner. Die Hauptstadt von China ist Peking. Zur
Volksrepublik China gehört auch Tibet. Das tibetische Volk
ist sehr geheimnisvoll. Tibeter reden mit ihren Göttern im
Himalaya. Sie sind Buddhisten und deswegen meist glückliche Menschen, denn ein Buddhist strebt nicht nach Reich-
tum. Buddhisten führen keine Kriege.

Hier spricht der
Pilot. Bitte machen
Sie sich zur Landung
bereit!

Das geistige Oberhaupt der Tibeter ist der Dalai-Lama. Er ist ein heiterer, bescheidener und heiliger Mann. Die Chinesen unterdrückten die Tibeter, sie zerstörten ihre Tempel und der Dalai-Lama musste fliehen.

Bevor ein Dalai-Lama stirbt, nennt er den Namen eines Kindes, das bald irgendwo in der Welt geboren und sein Nachfolger wird.

Wenn wir von China nach Süden fliegen, erreichen wir nach einigen Stunden Australien. Doch es liegt nicht auf unserem Weg.

Australien ist der kleinste Kontinent. Seine Hauptstadt heißt
Canberra. In Australien lebten die Ureinwohner des Landes, die
Aborigines, noch bis vor kurzem wie in der Steinzeit. Sie sind
dunkelhäutig, konnten magischen Zauber vollbringen, und man-
che streifen auch heute noch mit Bumerang und Speer umher.
Man fand Felszeichnungen, die 20 000 Jahre alt sind.
Nach der Entdeckung Australiens durch James Cook kamen
 immer mehr Weiße und verdrängten die Ureinwohner.
  Australien ist ein heißes, trockenes Land. Hier wächst der
  Eukalyptusbaum, und es gibt Kängurus, Koalas, Krokodile,
  Dingos, Schafe und viele Kaninchen.

Ich vergaß, zu
Haus das gas abzu-
drehen. Marie.

Von China fliegen wir Richtung Osten geradeaus über den Pazifischen Ozean. Japan liegt links von unserer Reiselinie.

»Japan kenne ich«, rief der kleine Bär. »Denn ein Freund von mir hat einen japanischen Walkman. Und sein Vater hat ein japanisches Auto.«

Wenn wir weit genug geflogen sind, kommen wir nach Amerika.

UNERHÖRT!

Zu Nordamerika gehören die Vereinigten Staaten, Kanada, Grönland und Mexiko. Vor 500 Jahren entdeckte der italienische Seefahrer Christoph Kolumbus mit seinen drei Schiffen Santa Maria, Pinta und Niña Amerika. Ihm folgten die christlichen Eroberer. Sie nahmen den Indianern das Land weg und zerstörten ihre Kulturen. Sie raubten ihre Schätze und verschifften sie nach Europa. Heute gibt es nur noch sehr wenige Indianer.

Die Vereinigten Staaten von Amerika bestehen aus 50 Staaten. Hier leben 250 Millionen Menschen. Die Amerikaner sind ein Volk aus Weißen, Schwarzen, Chinesen, Japanern, Indianern und Eskimos. Der längste Fluss der USA ist der Mississippi, die Hauptstadt heißt Washington. Amerika ist das Land der großen dicken Autos und der unendlich langen Straßen.

»Oh, große dicke Autos!«, rief der kleine Tiger. »Da würde ich in einem gelben Straßenkreuzer mit Faltdach, Radio und Doppelvergaser über das Land rasen wollen. Volle Pulle auf die Hupe ... Kaaanadaaa, bis nach Grönland ...« »Umweltschädling, das darf man dort gar nicht«, brummte der kleine Bär und wollte nach Hause.

Baffin-Inseln

Baffinbai

Grönland

Victoria-Insel

Alaska

Hudsonbai

Neufundland

Mackenzie

Kanada

Labrador

Atlantischer Ozean

Große Seen

Montreal

New York

Philadelphia

Washington

San Francisco

Los Angeles

Missouri

Chicago

Ohio

U.S.A.

Arkansas

Mississippi

Appalachen

Rio Grande

New Orleans

Bahamas

Mexiko

Kuba

Pazifischer Ozean

Golf von Mexiko

Dominikanische Republik

Mexiko City

Guatemala

Honduras

Nicaragua

Costa Rica

Panama

Nordamerika

Die acht Stunden über den Atlantischen Ozean von Amerika bis Köln vergingen wie im Flug, weil Maja Papaya ihnen von Südamerika erzählte.

»Südamerika sieht aus wie ein auf die Spitze gestelltes Dreieck. Dieser Kontinent besteht aus zwölf Staaten. Der größte Staat ist Brasilien.
Die Hauptstadt von Brasilien heißt Brasilia. Der größte Fluss ist der Amazonas mit den Regenwäldern. Die Regenwälder sind die Seele der Welt, weil sie das Klima unserer Erde regulieren. Es gibt die wunderbarsten Bäume und Pflanzen.

Doch die Menschen holzen die Wälder ab und vernichten Pflanzen
und Tiere.« »Warum tun sie das?«, fragte der kleine Bär.
»Sie sagen, sie brauchen Ackerland. Aber das ist nicht wahr, denn
das gerodete Land eignet sich nicht dafür. Es wird nur eine Zeit lang
als Weide für Schlachtvieh genutzt. Die Menschen tun das, um damit
Geld zu verdienen.«
»Der Mensch ist eine Sau«, brummte der kleine Bär und sagte, er
sei froh, dass er ein Bär ist.
»Sie verkaufen auch tropisches Holz, und dann macht man Möbel
daraus.«

So lasst uns nun
die Welt zerstören,
ihr Menschen!

»Es gibt Bäume, die reichen bis zu
sechzig Meter in den Himmel – fast
halb so hoch wie der Kölner Dom.
Pro Tag werden Tausende und
Abertausende von ihnen gefällt
...«
»Hör bloß auf«, rief der kleine
Tiger und hielt sich die Ohren
zu, »ich halt das nicht mehr
aus.«
Und er war froh, als sie in
Köln landeten.

Zu Hause schenkte Maja Papaya ihnen den wunderbaren Atlas für immer und ewig, und der kleine Tiger jubelte: »Jujujujujui – das ist die totale Sause. Dann können wir von nun beliebig jeden Tag eine Reise machen – egal, wohin.«

Na, und in der Tat:
Was für ein Geschenk, ihr Leute!

Janoschs

TAUSEND
BILDER
LEXIKON

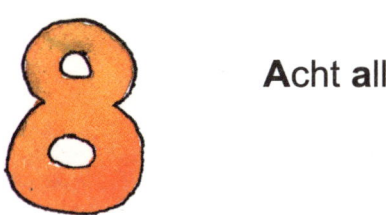 **A**cht **a**llein

 **A**al

 **A**ndreas mit **A**uto
an der **A**mpel

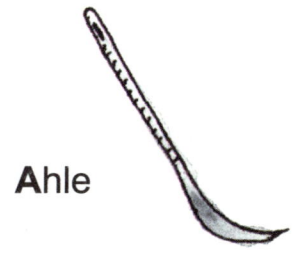 **A**hle

Armer **a**lter **A**ffe
erbittet ein **A**lmosen

 **A**merika

Ameise, **a**ber vergrößert

Ananas im **A**ngebot

Armbanduhr

Angelbär mit **A**ngel

Angelhaken

Aquarium

Astronaut im **A**ll

alter **A**norak

 **A**uge

Augenfisch

Abschleppwagen mit dem **a**lten **A**uto

Asphaltauto

Affenzahnauto

altes **A**uto

neues **A**uto

Antons **A**uto

Der **B**är, der **B**är, wo kommt er her?

Badewanne

Besen

Baum

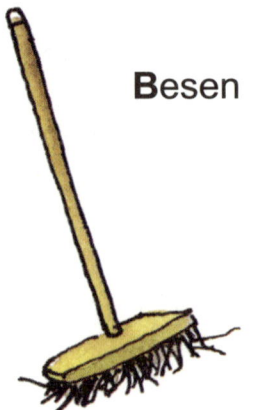

Bild

Bettina im **B**ett

Board unterm **B**ett

Bettvorleger

Bleistift

Bagger

Birne eins   **B**irne zwei

blauer **B**untstift

 **B**odo und **B**runo
auf einem **B**ild

Beulenauto

Bobbo **b**egrüßt **B**riefträger

Briefkasten

Brief aus **B**erlin

Boot

Bananaboot

Brille mit Pünktchen

blaues **B**uch

Barbaras **b**untes
Ballkleid

Blau allein

Banane mit Hut

Banane ohne Hut

Clown mit **C**ello

Cowboy mit **C**olt

Comic

Cornflakes

Computer

Carlo **C**arnevale

Clodwig, **C**äsar, **C**laudia,
Cornelius, **C**asimir

Düsenflugzeug

Dame im Gegenwind

Dampfer

Dampfwalze

Deckel

Delphin

Dose

Damenschuh

Direktor
Doktor
Dirks

Dino

Dreieck

Dromedar

du **d**unkler **D**om

Dieter **D**ödel

Drachen

Dreier-**D**rink

Doppeldecker

Dusche

Denkmal

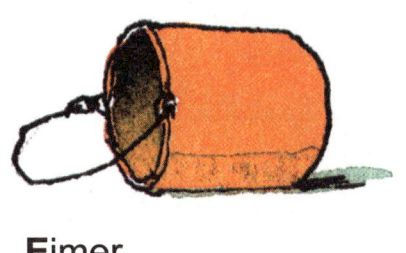

Eimer

Ei

Eierbecher

Eierschalen

Ehrenfried mit **E**is am Stil

Eisenbahn

Ente

Engelchen

einzelne **E**rbse

Eselin

Erbsensuppe im Topf

Elefant **e**rledigt
Eimer

Fallschirmspringer

Fahne

Fliegendreck hundertfach
vergrößert

Fass

fröhliches **F**ahrrad
mit **F**rühlingsblume

Ferkel

Feder

Frau Frieda Flohmann
fläzt im Fenster.

Fernglas

freundlicher Fisch

Flieg, Vogel, **f**lieg in
die **F**reiheit!

Flötenhund

Farbfernseher

Fritz mit **F**ernbedienung

fröhlicher **Fl**oh

Frau **Fr**öbel ist voller **Fl**öhe.

Fragezeichen

Fiedelhase **f**urzt
drei **Fi**edlerfurze.

Franz mit seinem
verdammten Hut

Gangsterbraut
Gundilla
Grimmlich

Gib **G**abi die
Gabel, du **G**impel!

Gangsterlimousine

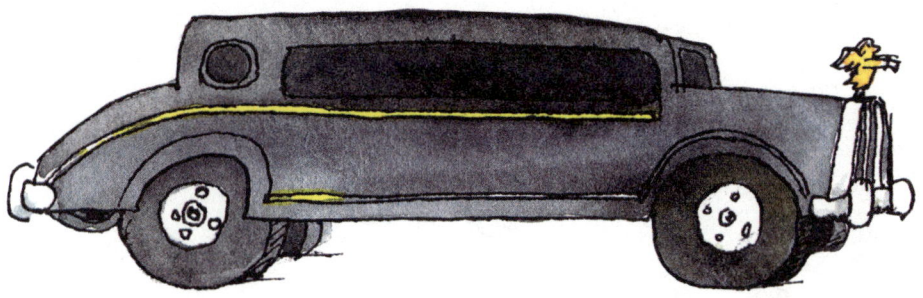

Gans

große Tüte **G**rünfutter

Geige

Glas

goldene Nase

grüne **G**ießkanne

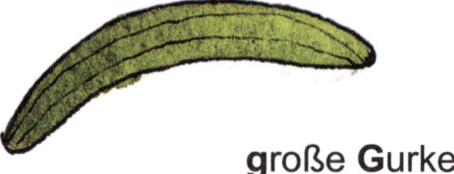

große **G**urke

Geländewagen

General

Glühbirne

Giraffe

Globus

Geburtstagsgruß
an **G**roßmutter

Glocke

großes **G**elb

kleines **G**elb

Goldfisch

Großmutters
goldene Hochzeit

grüner Frosch
im **G**ummiboot

Hammer

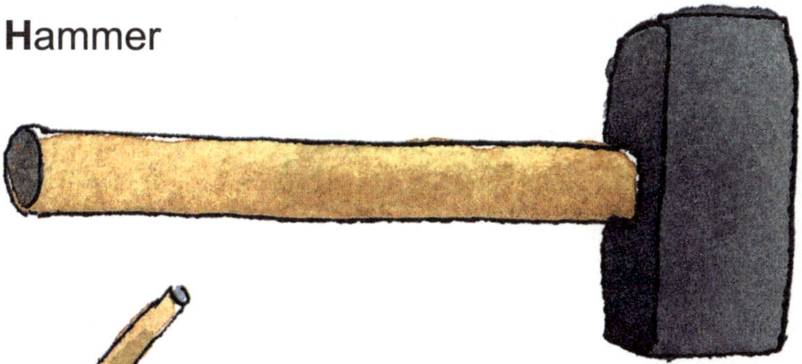

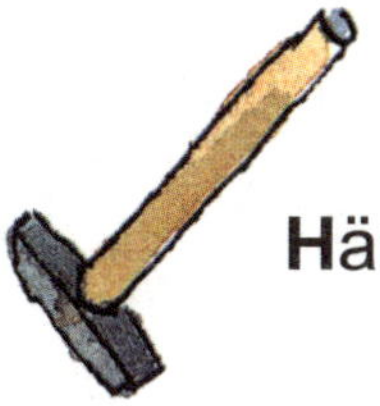

Hämmerchen

Handschuh

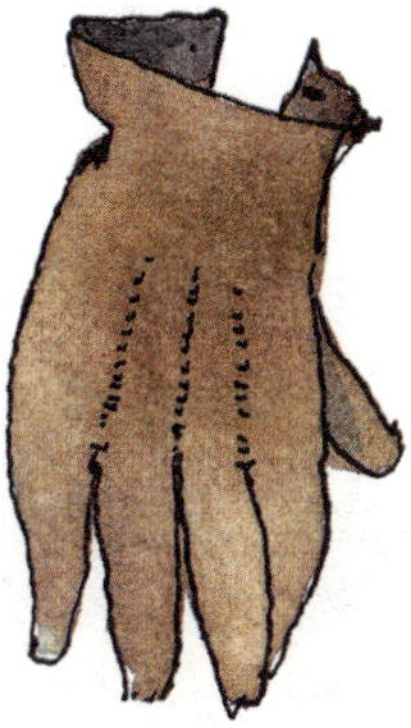

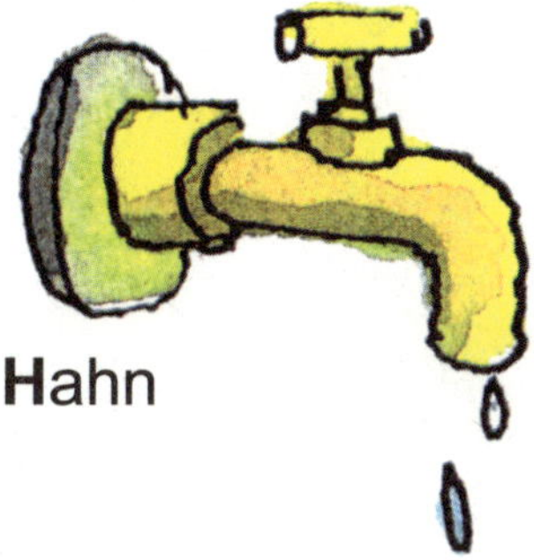

Hahn

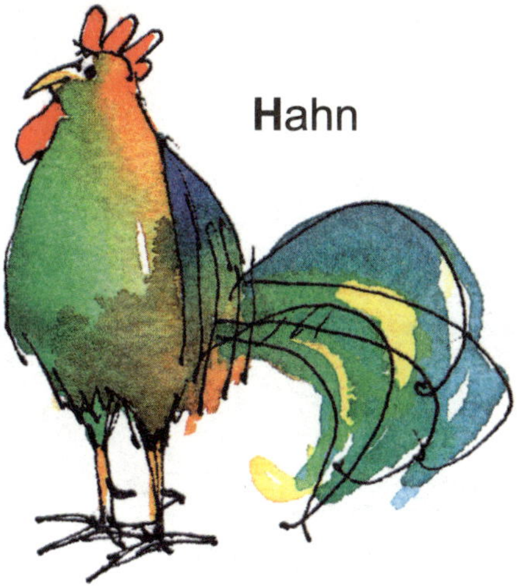

Hahn

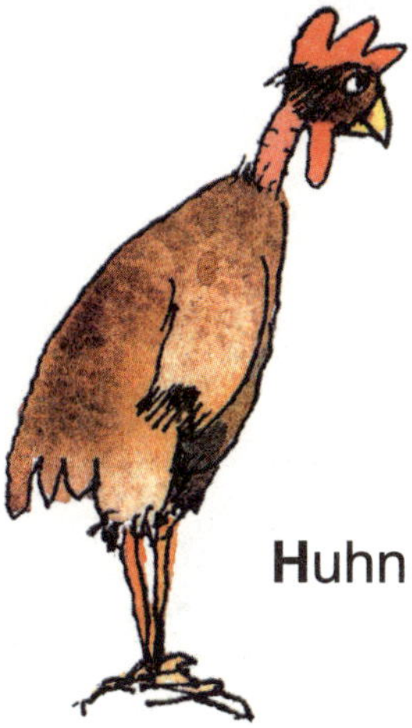

Huhn

H

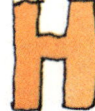

Hildchens **H**and-
tuch **h**ängt am
Haken.

Hampel, lieber
Hampelmann.

heißer **H**amburger

Handy

Haifisch

halbtoter **H**ering

Handfeger auf
Häkelkissen

Hose **H**emd

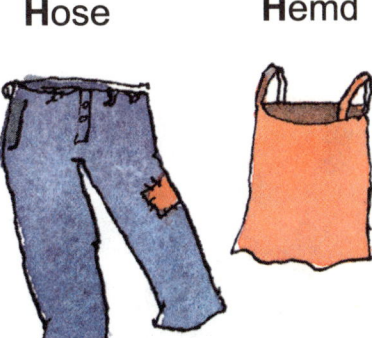

Haus

Herz

Haltestelle

Hase **H**ans
hält **H**annis
Blümchen.

Hot Dog

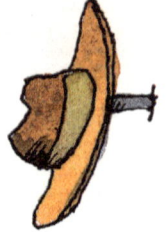

Hängt **h**ier nicht ein
Hut am **H**aken?

hungriger **H**und
mit **H**alsband
und **H**ot Dog

Hubschrauber

Indianer mit
Kriegsgeschrei

Isolde mit den
langen Haaren

Ich mit Ilse

Iwan mit Ingeborg

Igel

Insel im Indischen Ozean

Jedes **J**ahr ist
Januar.

alter **J**anosch

neue **J**acke

Jaguar auf **J**agd

Juwel

Joghurt

Junge im Tor

Jaguar

Jeep

Kamel

Kaktus

kleiner **K**äfer

Käthe kommt
im **K**ahn.

Kartoffel mit Schale

Kartoffel ohne Schale

Komm zurück, **k**leiner Fink,
in den **K**äfig!

Katze mit armer **K**irchenmaus

Kirschen

Kater Mikesch **k**ennt **k**eine Gnade.

Karotte auf **K**atharinas **K**issen

Käsebrett mit **K**äseglocke

Küchenmaus

kleine **K**uchengabel

Kipplaster

Komponist

König mit **K**rone **k**riegt **K**arlchen **K**offer

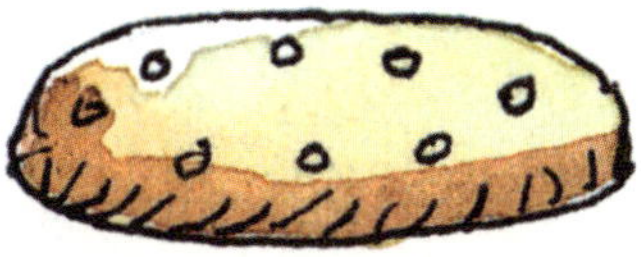

Keks

Knoblauch

Krawattenbär

Kirche

Kragenschleife

Krokodil mit **K**issen

K

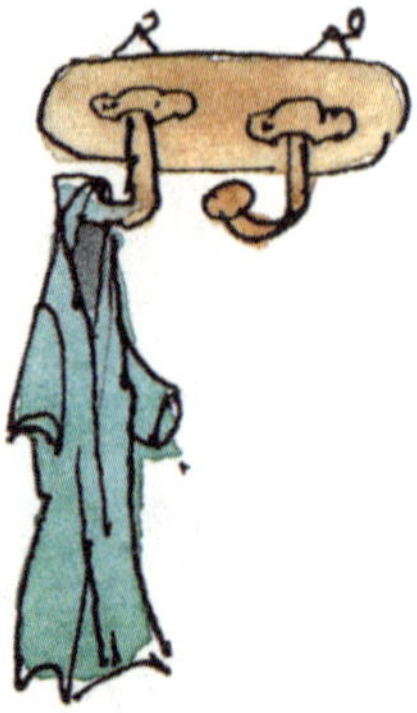

Kleckserei

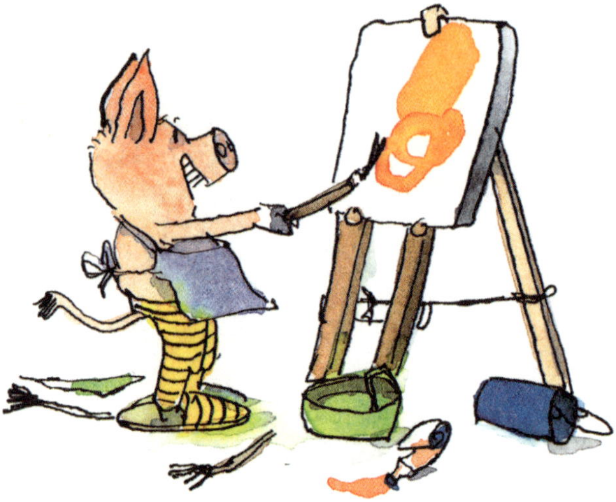

Kleiderhaken

Kunstmaler

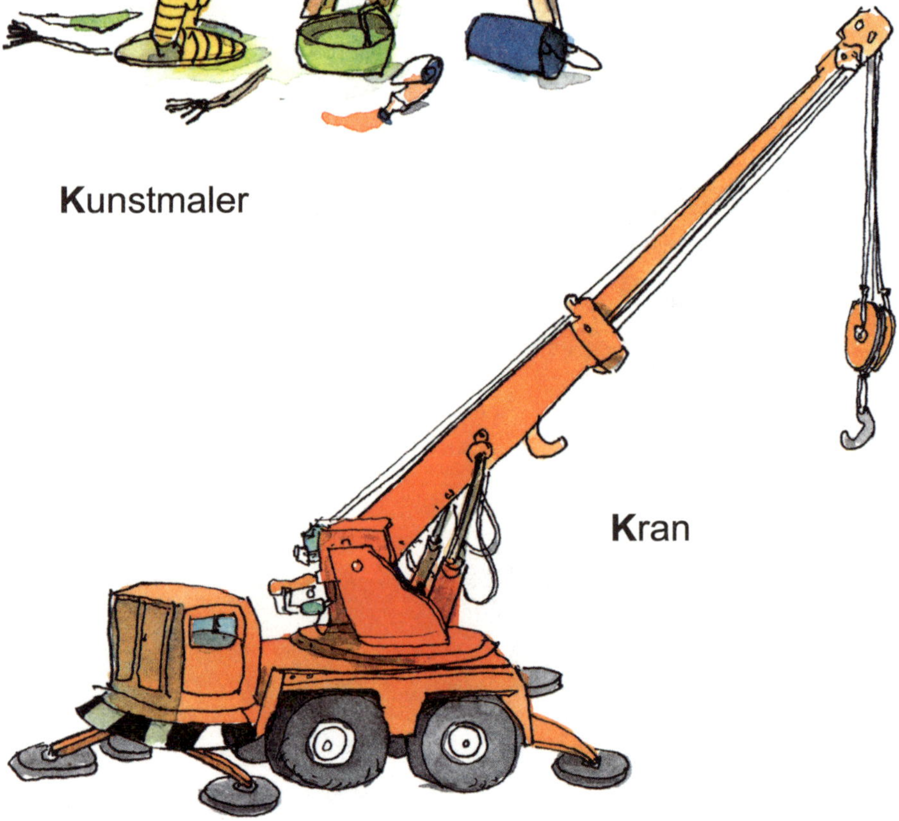

Kran

Kugel

Krächze, **K**rähe,
krächze nur!

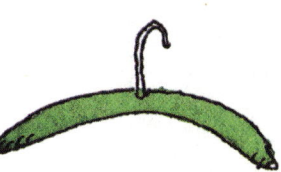

Kleiderbügel

Knopf

Küsschen, **K**üsschen

Kümmel

Kugelschreiber

Krug

Kuh

Koks

Knoten

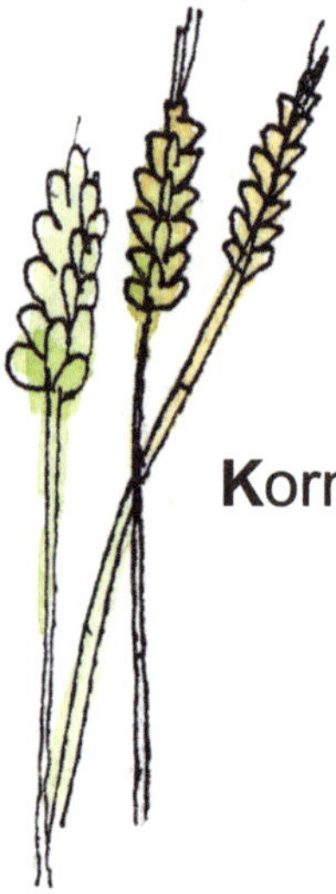

Korn

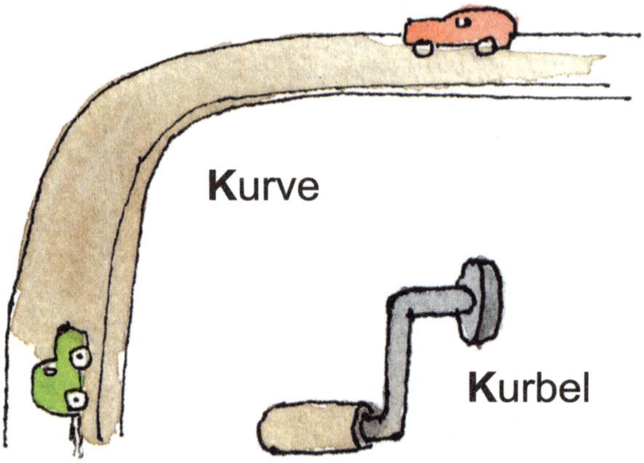

Kurve

Knallerbse

Kurbel

Kiste

kleines **K**näblein

kurze **K**ette

 **K**ind mit
Kopftuch

Kinderwagen

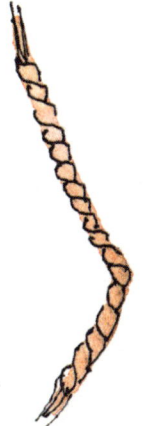 Günter **K**astenfrosch

Kordel

Kübel

Kreide

Krümel

Kuchen

Kreis

Koch

Kröte **k**ocht
Kartoffelsuppe.

Kochlöffel

Kürbis

Kochtopf

Kalle, **k**leiner **K**egelkönig

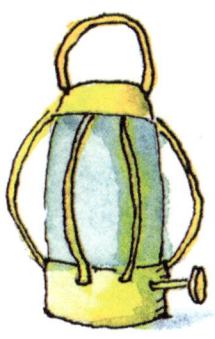

Leuchte, liebe
Lampe, leuchte!

Laterne

Lastwagen

Lieferwagen

Leiter

Latzhose

Leierkastenaffe

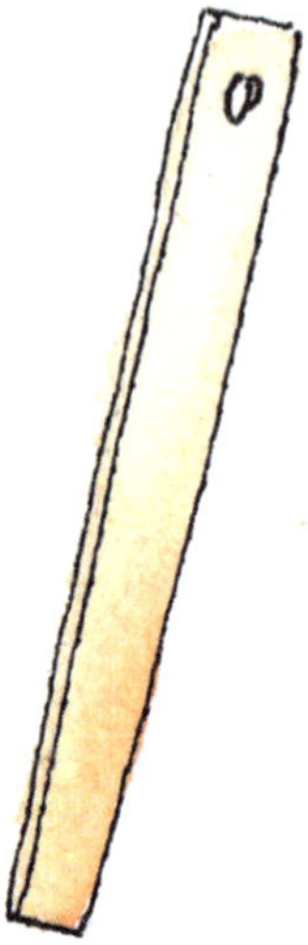

langes Lineal

Löffel

Leuchtturm

Ludmilla linker
Lederschuh

leichter Luftballon

Lustiger Löwe lacht
schon wieder.

Leopardin im Leopardenmantel

Lotsenschiff

Lach doch mal mit **L**achfrosch!

Löffelbagger

Lokomotive

Mann mit Mütze
und Mantel

Makkaroninudeln

Mädchen mit
Maske

Maulwurf

deine Melone

meine Melone

Maschine

Marionette

Maus

Messer

Muskelmann

Mücke

Muschel

Mumie

Mülleimer

Motorroller

Motorrad

Müllmann

Müllwagen

Mimi **m**it **M**ütze und **M**ieze

Mutter ohne Schraube

Mutter mit Schraube

Muttertagsblumen

Münze

Motte

Nacht

Nachthemd

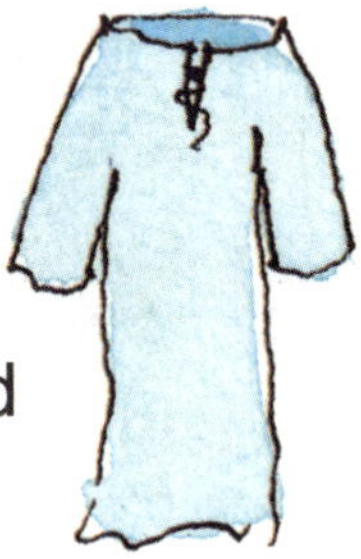

Nuss

Nasenbär

Nasenente

Nagelfeile

Nadel

Nagel

Nagelbürste

neunzehn

Nummernschild

Nickelbrille

Norbert **N**ödel liegt
auf der Nase.

Nashorn

Nikolaus

Ofen

Obst

Obstkorb

Orange

Oldtimer

Osterhase

Opa **O**bermeier

OHLEN

Ortsschild

Pandabär lehnt an **P**aket.

Papas **P**antoffel

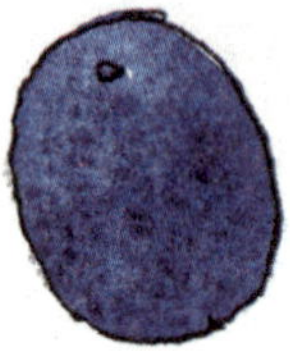

Pflaume

Pfeife

Papagei

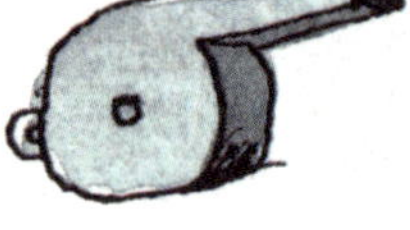

Pfeife

Pinkelhund

Pferd

Pinguin

Pinsel

Pommes frites

Planierraupe

Pyramide

Propellerflugzeug

Pony

Paketauto

Pakete

Pudel mit **P**udelmütze

Papa **p**utzt schon wieder.

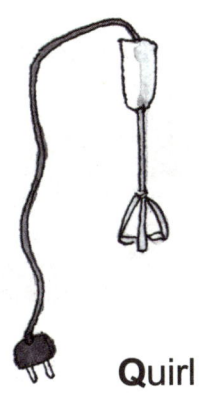

Querflöte

Quirl

Quadrat

Quasselkopf **Q**uendolin

Qualle

Quelle

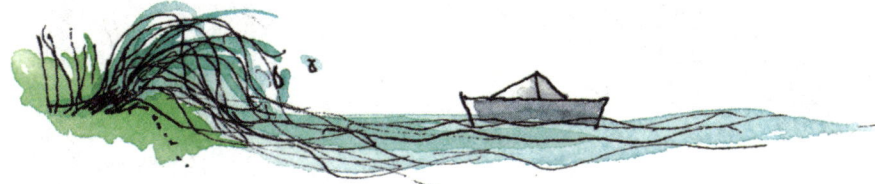

Qu

Rad

Rabe **r**ettet einen **R**egenwurm

Radiergummi

Radio

Rakete

Räuber **R**udi **R**üpel

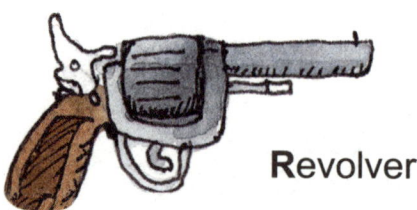

Revolver

Rollschuhroboter

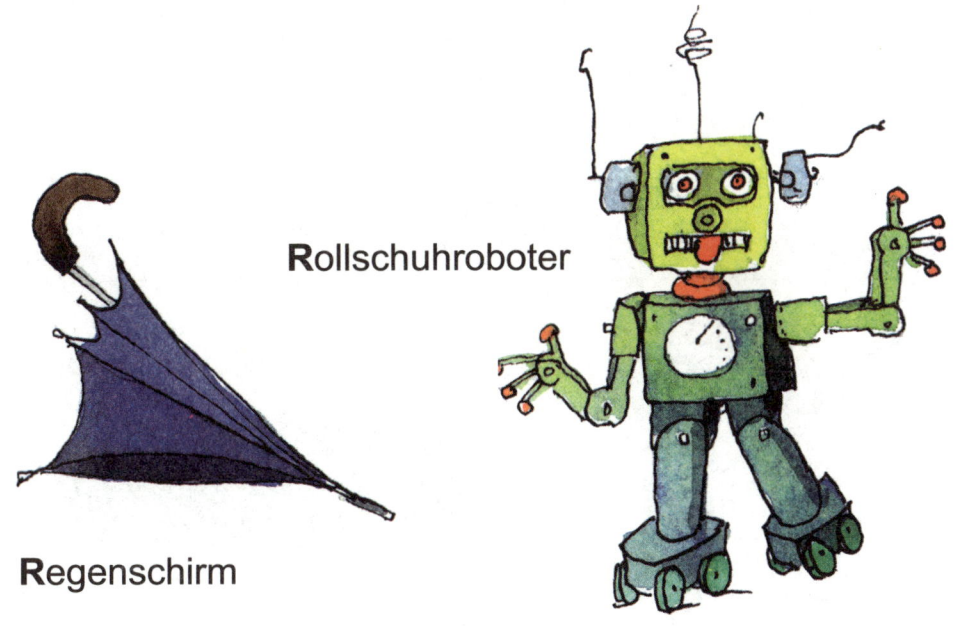

Regenschirm

Rettungsboot

rechts abbiegen

Rennauto

Rauch

Raupe

Raupenschlepper

Rechen

Ruderboot

Riese mit **R**iechblume
und **Ri**ng

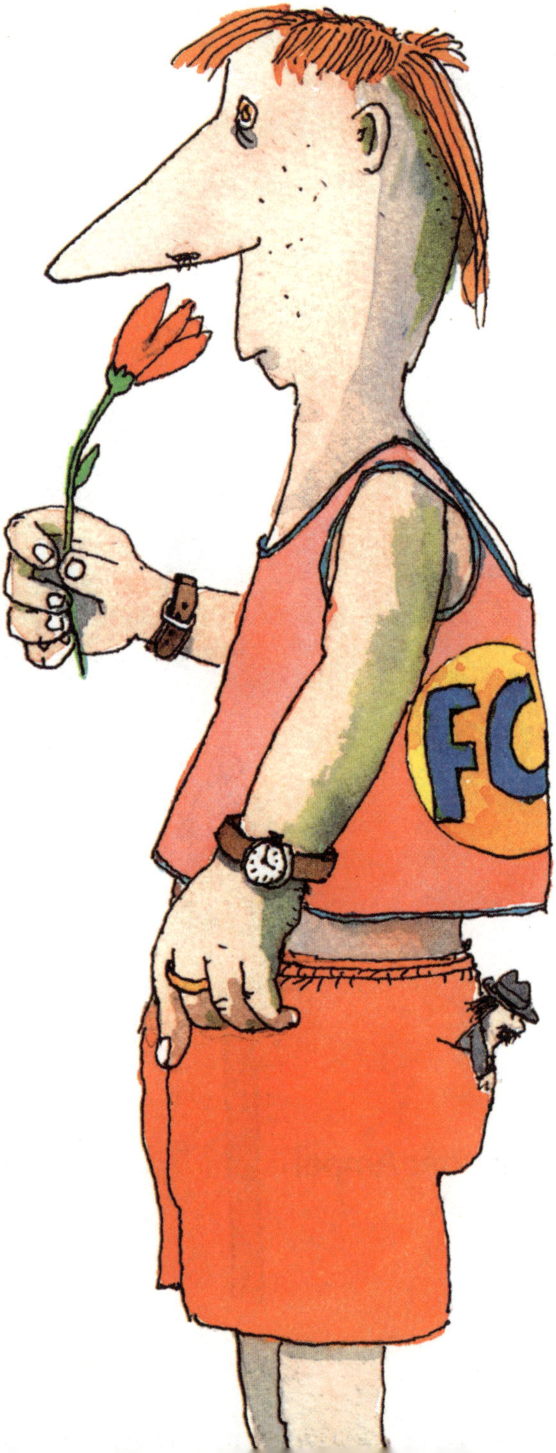

rote **R**abenperücke

Rotfuchs

Rudis **r**ote **R**übe

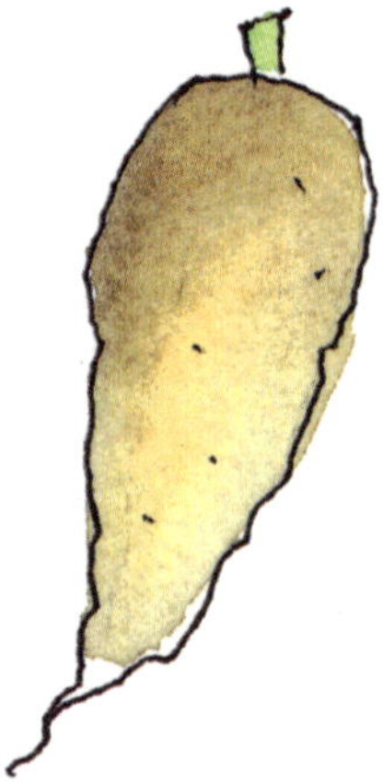

Runkelrübe

Rot an der Ampel

Rot allein

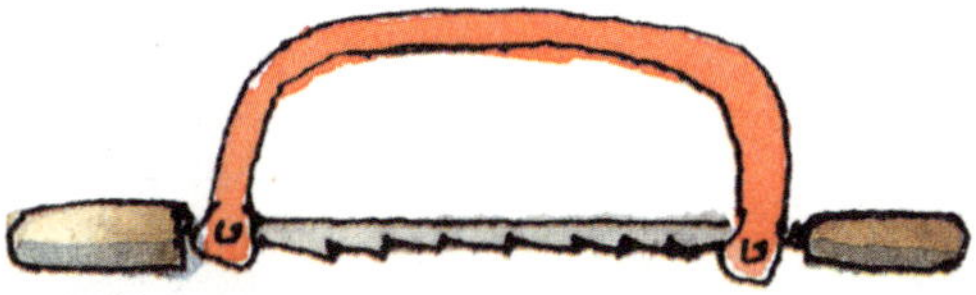

Schaufel

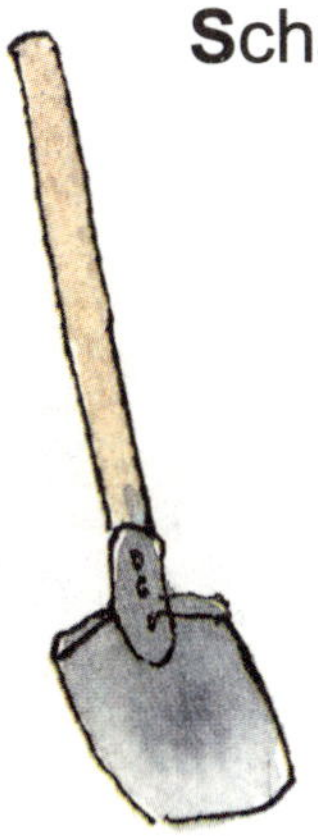

Säge

Sack

Sichel

Sänger

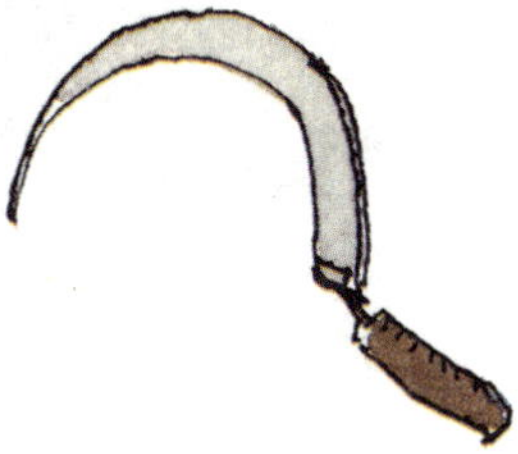

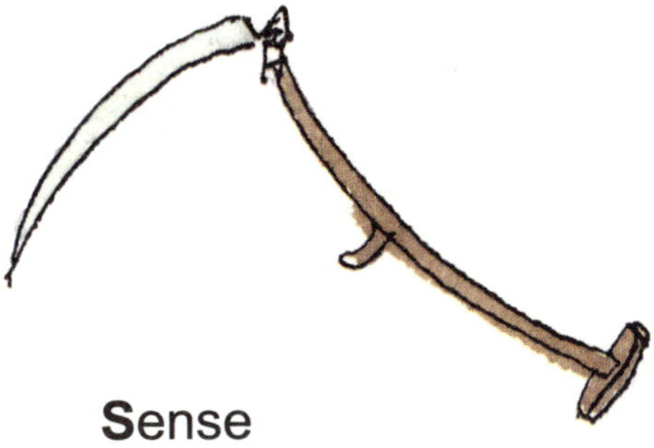

Sense

Sandalen

S

Die **S**chule brennt.

Stiefel

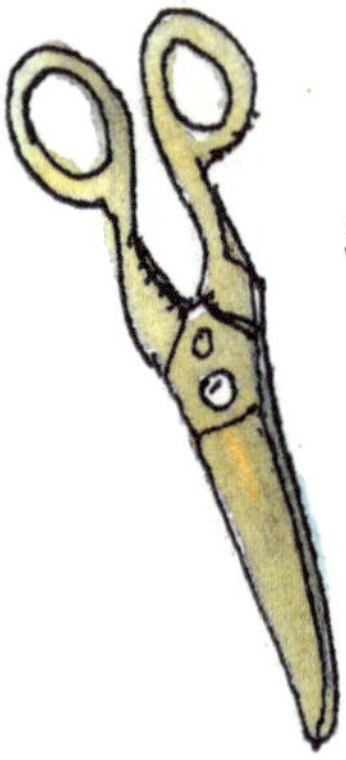

Schere

Schildkröte

Schiff

schief getretener
Schuh

Schneemann

Schneefrau

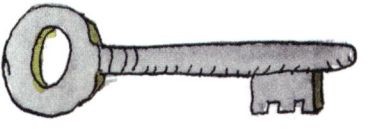

Schlüssel

schwarzes **S**chaf

Seeräuber
Schwarzer
Stiefel **s**chlürft
süßen **S**aft.

schöne **S**onnenbrille

Schnurrbart

Schlange

Schmetterling

Schürze

Schnecke

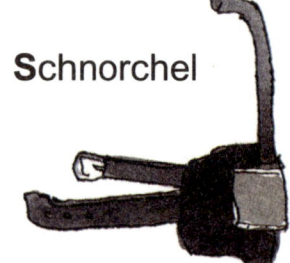

Schnorchel

Speise

Schuss ins Aus

Schrank

Schwein, du Luder,
niemals bist du
mein Bruder!

S

Spiegel

Schönheit

sieben

Stiefel mit Sporn

Stern

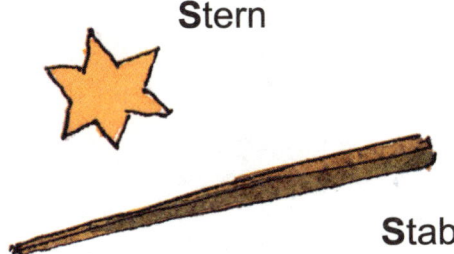

Stab

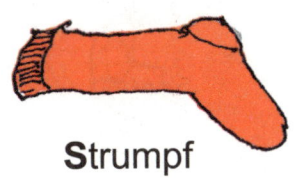

Strumpf

Susi **s**itzt auf dem **S**ofa.

Sofakissen

Skateboard

Schraube

Sportlerin

Sohn **S**tephan
mit **S**tiefmutter
und **S**tieleis

Soldatengrab

Streichholz

Sonnenschirm

Sommer

Strand

Sand

Springfisch

Schubkarren

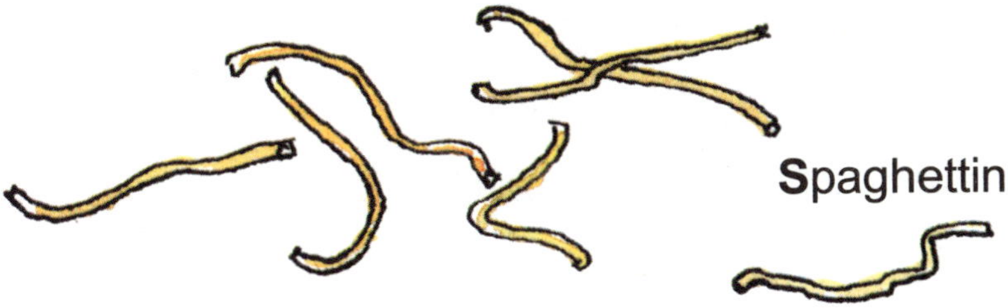

Spaghettinudeln

Sitzkissen

schiefer **S**tuhl

Stöpsel mit **S**chnur

Susi sing doch mal!

S

Tante **T**rudchen **t**rinkt **T**ee aus der **T**eetasse.

Taucherbrille

Tafel

Tomaten

Telefon

Tag und Nacht

Tanne

Taxi

Trudchens **T**asche

Trollibär trifft **T**eddybär.

Trauriger **T**iger **t**rödelt schon wieder.

kleiner **T**iger

tiefer **T**eller

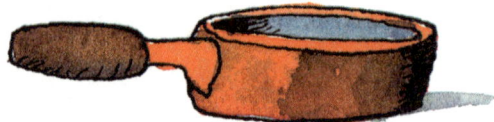

Tiegel

Tüte Erbsen   **T**üte Popcorn   **T**üte Fliegen

Tennisschläger

Tisch mit **T**intenfass

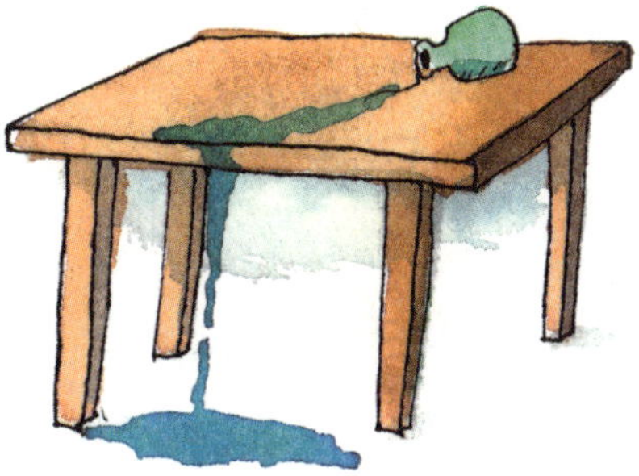

Tigerente

Topf

Traktor

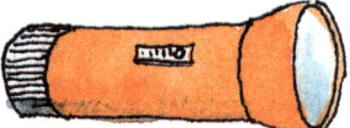

Taschenlampe

Traudchen und **T**ümmel

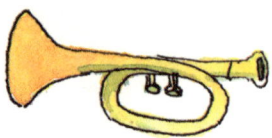

Trompete

T-shirt

Tulpe

Tölpel

Tür

Tunnel

Ufo

Uhu

Uhr

Untertasse

Unterhose

Ungeheuer

Unterseeboot

Vater fährt mit **V**roni in
den Ferien nach **V**erden.

Vogelscheuche

  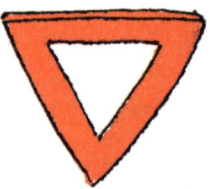 

Verkehrszeichen

vier

Vogelvater mit Sohn

Waschlappen

Wasserglas

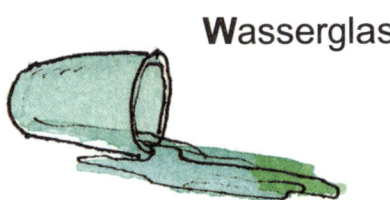

Wasserball

Wasserwaage

Wasserhahn

Waldemar weiß,
wo **W**illi wohnt.

Waschschüssel

Waggon

Waage

Wasserkessel

Weihnachtsbaum

Weihnachtsbär **w**ünscht
Weihnachtsengel guten Flug.

Weintrauben

Weihnachtsschmuck

warme **W**interhose

Wecker

Wasserskiläufer

Weltkugel

Wintermütze

Wanda **w**ird **W**eltmeisterin

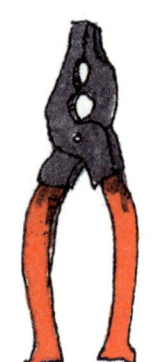

Werkzeug

Weiß im Viereck

Wespen

Wurst für **W**aldi

Würfel

Wohnwagen **w**artet
wieder auf den **W**inter.

Wohin gehst
du, **W**alter?

Wassertropfen

Wollsocken

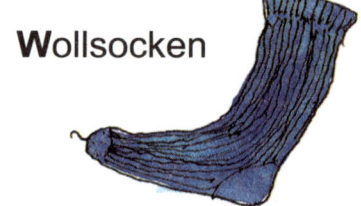

wütender **W**olf

Wolken

Wolkenkratzer

Xaver braucht **X**-large.

XX-large

X-Beine

Xenia heißt **X**enia.

Yeti

Yak

Yacht

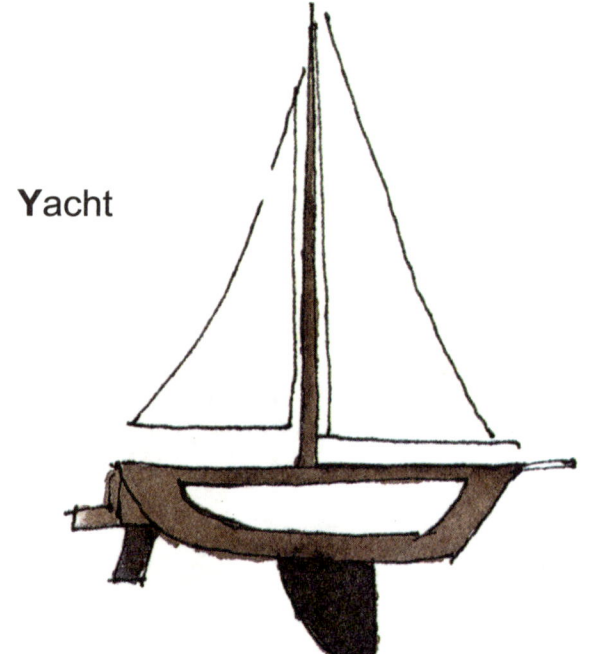

Yvonne mit
Zahnspange

Zahlen

Zahnpasta

Zahnbürste

zehn

Zeigefinger

Zauberkünstler

Z

Zugvogel

zugedecktes
Hündchen

Zelt

Ziehharmonika

Zeitung

Ziegelstein stehend

Ziegelstein fallend

zwei Zierknöpfe

Ziegelstein liegend

Ziegenbock

Ziege

Ziehfisch

Zierfisch

Ziehhaus

Zollhaus

Zunge

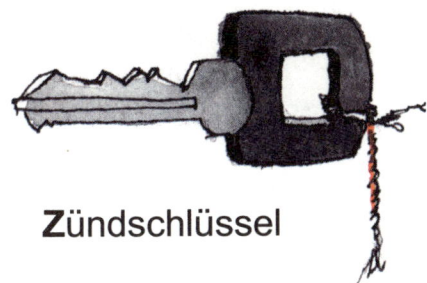

Zündschlüssel

Zirkusdirektor **Z**ampano **z**eigt
dem Hund die **Z**irkuskunst.

Zimmerpflanze

z

Zitrone

zwei

Zwerg

Zugführer

Zylinder

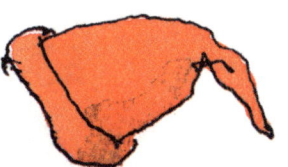

Zipfelmütze

zweiunddreißig

Zopfmann **Z**acharias
Zwiebel

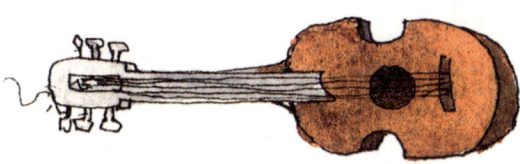

Zupfgeige

zwei **Z**eiger

Zwiebel

Zaunkönig

Z

Der **Z**eisig singt im **Z**irbelbaum,
er ist so klein, man sieht ihn kaum.

Ende